目录

第一章 家风家训 穷养富养，不如教养

第二章 修身 你的身体就是你的庙宇

第三章 修心 此心光明，万事可成

第四章

修德

小胜凭智，大胜靠德

第五章

礼仪形象

你的形象价值百万

第六章

为人处世

说话有分寸，做事懂规矩

第七章

事业财富

坚持理想，顺便赚钱

第一章

家风家训

穷养富养，不如教养

自强不息，厚德载物

自强不息讲的是天道，厚德载物讲的是地道。

做人做事做学问，应该天地同参，乾坤并重。

单独讲“自强不息”不行，因为一个人再强，也只是一个人而已。

而“厚德载物”，看似是你在承载万物，实际上万物也在承载着你。

人应该有个榜样。有了榜样，就有了标杆。对中国人来说，天地就是我们的终极标杆。

俗话说：“人再大，大不过天。”就算是皇帝，也只敢叫“天子”。同样，人也大不过地。

老子说：“故道大，天大，地大，人亦大。域中有四大，而人居其一焉。人法地，地法天，天法道，道法自然。”这既暗示我们人是宇宙万物中极其特殊的存在，同时又直接告诉我们，人应效法天地。

这种意识甚至可以追溯到汉字产生以前。后来，《易经》把这种意识归纳为“天行健，君子以自强不息；地势坤，君子以厚德载物”。再后来，清华大学把它简化为“自强不息，厚德载物”，将其作为校训。毫无疑问，这也是适用于每一个中国家庭的家训。

俞敏洪先生在清华大学演讲时说：“我认为，‘自强’有两个概念，首先是自己要强，其次是在自我强大的同时，要有人能帮助你，和你一起强大；当然你也要记得帮助对方，回馈社会，这就是‘厚德’……‘自强不息，厚德载物’是清华的校训，但不是清华人的专利，它适用于每一个有志青年……”

俞敏洪就是其中最好的例子。

俞敏洪坦言，从小学到大学，他从未考过班级前20名。但他最后考上了北大，过程一波三折。很多人都知道，俞敏洪是新东方创始人，因此容易认为英语是他的强项，事实却是，他参加过三次高考，每一次拖后腿的都是英语。第一次高考，他的英语只考了33分。在复读班，由于英语基础差，他从未得到过老师的赞扬和鼓励。第二次高考，他的英语成绩提高了些，但也只考了55分，又一次落榜。在一片质疑声中，俞敏洪坚持“再读一个高三”。当年暑假，俞敏洪报了一个英语补习班。有了前两年的积累，加上最后一年的拼命用功，“高五生”俞敏洪的英语得了90分，总分过线，最终被北大录取。

什么叫自强不息？这就叫自强不息。我们不能总是举那些天生就很强的例子，尽管比我们优秀的人比我们还努力。我们应该更多地看向普罗大众，看向资质差不多、资源也差不多的芸芸众生。俞敏洪如果不自强，就不会被北大录取，也就没有接下来的多种可能了。

当然，考上北大只是第一步。“自强”后面，还有“不息”二字。

进入北大以后，俞敏洪并没有多开心，相反，心理上还遭遇了暴击。

首先是身份上的悬殊。他的同学有的是部长的儿子，有的是大学教授的女儿，而他是在贫困家庭出生的，还是穿着打补丁的衣服、挑着扁担走进北大的。他的体育老师上课时从来不叫他的名字，都是叫

“那个‘大补丁’，来做个动作……”

其次还是天分的问题。在大学时，他从未进过班级前40名。没办法，同学们都太优秀了。不过他并没有因此放弃自己，而是选择了一个最笨的办法，那就是——背，背，背，反复地背。一天背不下来，就花一周的时间，天天背，到最后他居然可以用英语说脱口秀了。

最后是远方与未来。俞敏洪本来想跟同学们一起出国，但由于成绩不够优秀，加上美国对华留学政策紧缩，他的留学梦最终付诸东流。为了谋生和将来自费留学，他开始到外面兼职授课，然后又约了几个同学打着学校的名头私自办培训班，被校方得知后，还遭到了处分。离开北大两年后，俞敏洪在一间面积只有10平方米的小平房里创办了新东方的前身——东方大学英语培训班。

后面的事情我们都知道，历经千辛万苦，他把新东方做到了一定规模。这时候，他需要的是高端的合作者。当他打电话给自己的同学时，他那些在美国、加拿大的同学都很愿意回国支持他。为什么？他们说：“敏洪，我们回去是冲着你过去为我们打了四年水，我们知道，你有这样的一种精神，所以你有饭吃，肯定不会只给我们粥喝……”

这就是厚德载物了。尽管一开始，俞敏洪只是为了让自己醒目一点儿而已。因为从小成绩不好，所以他从小学一年级开始，就养成了打扫教室的习惯，想以勤劳引起老师和同学们的注意。到了北大以后，他又顺便承包了宿舍卫生，每天还拎着宿舍的水壶给同学们打水，一干就是四年。

总的来说，俞敏洪既能自强不息，又能厚德载物，所以他的知识和能力虽然在同学当中毫不起眼，却依旧取得了很大的成就。我们也要尝试用“自强不息，厚德载物”这句话来指导自己，尤其是在面临竞争时，在遇到挫折时，在信心动摇时，在良心受到考验时。

给年轻人的建议

- **培养目标意识**

没有目标就没有奋斗的方向，没有理想还不如一条咸鱼。有了总体的目标，还要学会分解目标，使目标逐步落地，这样才会有成功的体验，从而使自己更自信，更有动力。

- **独立面对和克服困难**

成长的过程，既是不断学习的过程，也是不断遇到困难并解决困难的过程。这时候不要试着找“扶手”或“拐杖”，要尝试自己想办法，提升自己的抗挫力和解决问题的能力。

- **自己鼓励自己**

依赖性是一个很可怕的东西，包括依赖别人的鼓励。我们要学会自己鼓励自己，在大风大浪中，用左手温暖右手，做舵手也做鼓手。

- **心存善念**

有善念才有善举，有善念必有善报。善良的心地是黄金，金子般的品格会吸引更多优秀的人，互相帮忙，彼此成就。

- **勿以善小而不为**

善无大小，贵在肯为。只要是善，即便是小善也要积极去做，马上去做。小善积多了，就是大善。小德积多了，就是厚德。

忠厚传家久，诗书继世长

积善之家，必有余庆；积不善之家，必有余殃。

做人的最高境界是厚道而精明，如果不能兼得，起码要做到厚道。

“忠厚传家久，诗书继世长”这句话出自苏东坡的《三槐堂铭》。《三槐堂铭》是苏东坡应他的好友王巩之请，为三槐王氏的族谱写的一篇序言。由于苏东坡文笔好、人品正、名气大，这篇文章迅速广为传播。特别是“忠厚传家久，诗书继世长”这句话，短短几个字，便从德、智两个层面道出了一个家族能够长盛不衰的根本道理，因此被很多家庭作为家训，世代传承。

更重要的是，三槐王氏也确实做到了长盛不衰。根据统计，目前全球范围内姓王的至少有 1 亿人，其中三槐王氏就占了四成。另外，众所周知的王阳明，就出自三槐王氏。

有人会说，“忠厚传家久，诗书继世长”，这是在强调读书吧？其实不然。读书固然重要，但读来读去，读成一个精致的利己主义者，不仅对社会无益，对家族也无益，甚至还不如那些粗糙的利己主义者。

据说莫言先生刚获得诺贝尔文学奖时，有人专程跑去参观他的故居，到那儿一看，发现莫言先生家的大门上贴着一副对联：“忠厚传家远，诗书继世长。”“久”也好，“远”也好，他也不太理会这些。

他在意的是，不能白来一趟，得弄点东西回去，让孩子沾沾文气。考虑到直接拆人家大门太不好意思，他便从墙上拆了一块砖头带走。这就不太忠厚了。其实这句家训的关键词是“忠厚”，以及如何效法前人的忠厚，其余都在其次。

王巩的先祖王祐就极其忠厚，他也是三槐王氏第一人。当时，宋太祖赵匡胤承诺他，只要顺势除掉魏州节度使符彦卿，就让他当宰相。但王祐却说：“符彦卿并没有谋反，他是冤枉的，我愿以全家百口性命担保！”赵匡胤很不高兴，把他调往襄州。这就是变相的被贬了，王祐有点儿生气，也很想争口气，于是在赴任前，于自家宅院中亲手种了三株槐树，说：“吾子孙必有为三公者！”这就是“三槐堂”的由来。

王祐的二儿子叫王旦，他后来果然当了宰相，而且以忠厚著称。

王祐与王旦为什么能做到忠厚呢？这就要讲讲“诗书继世长”中的“诗书”了。在现代人看来，“诗书”指的就是文化、知识、学习等。这不假，但这里的“诗书”，专指《诗经》与《尚书》，泛指儒家的六艺。修习六艺，不是为了考试，而是为了使一个人真正成为人。修习六艺可以激发人的心志，启迪人的智慧，提升人的本领，净化人的心灵，提升人的美德，节制人的欲望。

如上例中的王祐如果没有能力，他就入不了赵匡胤的法眼。为什么要把送上门的相位往外推？那不是傻子吗？其实不是他傻，而是我们的修养不够。所以这里的“诗书”，指的是根本之书。而根本，说到底还是忠厚。

忠厚，其实类似于现代人常说的厚道，它的内涵非常宽泛。善良、宽容、义气、老实、忠诚等，都称得上是“厚道”，但又都不能代表“厚道”，充其量只是“厚道”的一个侧面。可以说，厚道既没有绝对的标准，也没有固定的上下限和形式。但一个人是不是厚道，却不难分辨。

曾国藩的提醒

曾国藩认为，忠厚老实的人身上容易有以下两个毛病，必须纠正，否则难成大器：

- 过于深思熟虑。任何事情过了头，都会走向反面。过于深思熟虑，就是优柔寡断。想得太多，就会错过机会。总是考虑周围人的感受，害怕得罪任何人，顾虑这，顾虑那，便什么也干不成。即使机会摆在面前，也往往容易失之交臂。
- 太过脚踏实地。忠厚老实的人喜欢一步一个脚印地做事，非常认真仔细，让人放心。拥有这种性格是好事，也不一定是好事，因为太过脚踏实地的人，通常缺乏灵活性，不能够随机应变。过于保守，不知变通，怎么能取得伟大的成就呢？

齐家，齐的是一家人的心

家是讲爱的地方，也是讲理的地方，更是讲道德的地方。

但只有先讲爱，先让对方感受到爱，才谈得上讲理和讲道德。

齐家，就是治家。

古人讲究“修齐治平”，如果说修身是自己照亮自己，成就自己，那么齐家就是在此基础上照亮家人，温暖家人。

在古代，家不仅限于家庭与家族，还包括采邑，也就是“天子有天下，诸侯有国，大夫有家”。有采邑，就需要治理采邑。现代家庭虽说与古代有所不同，但每个人都有一个家，每个人也都应该齐家。

家庭是人生幸福的根本，那我们应该如何齐家呢？

首先，要用爱来齐家。

我们齐家，齐的是一家人的心。而治家的根本，实际上就是使全家人齐心协力。常言道，家家有本难念的经，清官难断家务事，究其原因就在于，很多时候家不是一个讲理的地方，而是一个讲爱的地方，起码是一个先讲完爱才能讲理的地方。古人把齐家与治国相并列，言下之意就是，一个人若管不好自己的家，治国的才能也一定有所欠缺。换句话说，是爱心有所欠缺。

我讲一个冷门的案例：

几年前，有位民营企业家成立了一家慈善基金会。基金会启动的第一个大项目，叫作“我的爸爸妈妈”，他希望通过创作100本人物传记，发掘优秀企业家与其优秀的家训家风的内在关系。先写谁呢？先写基金会创始人乔先生的母亲。传记写好后，乔先生请我谈谈意见。我直截了当地说：“不太好，因为我们都知道您的母亲极其优秀，但书中并没有体现出来。”乔先生微微一笑说：“刘老师您有所不知，如果要刻意凸显我母亲的优点，势必会严重暴露我亲戚们的缺点。没有小人，显不出君子嘛！这书还要每人送一本，到时候他们看到，会开心吗？”我恍然大悟，马上明白了他为什么这么优秀、这么成功。

其次，要用道德来齐家。

从古至今，什么都在变，唯有对道德的要求恒久不变。我们说，家不是一个讲理的地方，家是一个讲爱的地方，但也要以道德为前提。因为我们的家人不仅要跟我们相处，还要做社会人。只讲爱，恐怕会害了最爱的人。真正爱他们，就要从小教导他们这个社会的基本准则与道德底线。

举例来说，家里有三个孩子，公平的爱就尤为重要。中国人最怕一碗水端不平，同样是自己的孩子，如果只偏爱其中一个，那么所有孩子内心的平衡都会被打破。缺少爱的孩子可能会活在讨好与渴望里，生活没有安全感，而获得更多爱的孩子，会以为自己是最好的，全世界的人都应该对他好，想要什么别人就得提供什么，如此一来，就可能在步入社会时遭受暴击，使人格分裂，痛苦不堪。

最后，要用沟通来维系家。

良好的沟通能够让家庭成员打开心门，及时解决工作、生活、学习上的各种问题。有时候，工作上的问题家人未必能帮得上忙，但说出来，也是一种情绪的疏解。

夫妻之间，有不同意见，闹个小别扭，很正常，但不要冷战。凡事都有惯性，越是不说话，就越来越不愿意说话，感情也会在沉默中淡化，等到彼此相看两厌，便是家庭不和谐的可怕信号。

与孩子沟通更有必要，孩子在成长过程中会遇到各种各样的问题，很多时候又缺乏解决问题的能力，父母若能合理引导，就能化解孩子的困扰，让孩子更加健康地成长。

齐家三要素

- **克制自性**

性指本性，也指心性。夫妻是最亲密的人，要互敬互爱，互相包容，任何情况下都不要碰婚外情、婚外性，否则就再也回不到最初的样子。

- **互爱共情**

这里的情既包括夫妻之情，也包括同父母、儿女、兄弟姐妹、爷爷奶奶、外公外婆等亲人之间的亲情，乃至社会人情。互爱共情的核心在于“共情力”，需要我们展现修养，有很多功课要做。

- **平衡获利**

利即财，包括收入、物质、社保等，也包括具体由谁来管钱，但最重要的是正确的财富观与价值观。不求金玉重重贵，但愿儿孙个个贤。

读圣贤书，养浩然气，做大丈夫

半部《论语》治天下，一部《周易》定乾坤。

经典之所以是经典，是因为它们经过了时间的沉淀和考验。

圣贤之所以是圣贤，是因为他们同时掌握了学问、智慧与道德。

圣贤书，就是古代圣贤的经典著作。

文天祥在《自赞铭》中说："读圣贤书，所学何事？而今而后，庶几无愧！"自赞，就是自我认同。换句话说，文天祥饱读圣贤之书，践行了圣贤之道，因此无愧于心。

这里的关键，是一个"愧"字。

所有的经典，都是为了成就人、提升人、完善人。读了圣贤书，人可能还会做坏事，但他做坏事后心里会有愧疚，有愧疚，下次就会收敛一些，或者再做的时候会留点余地。但一个毫无道德感的人做完坏事后，非但不会愧疚，还会很快活，因为他没有是非观。没有是非观，别说捡一笔钱，就算是偷钱和抢钱，心里都不会愧疚。所以庄子强调"愧乎道德"，也就是说先让人知道一个"愧"字，他才能尽量做好自己，以少一些羞愧，多一些自豪。

我做家教时，学生中有一个小男孩，他非常聪明，但有点儿小大人样，挺狡黠的，所以我尝试用圣贤书引导他，让他变得纯粹一点儿。有一天，我教了一句《论语》：“子曰：巧言令色，鲜矣仁！”我刚解释完，他就迫不及待地说：“老师，我懂了，我的同桌就是个巧言令色的人！”我笑笑说：“你再去观察还有没有这样的人。”过了几天，他来上课时又说：“老师，您说的那个‘巧言令色’我回去又想了想，这几天一直在观察，我发现我妈妈也有点儿巧言令色！”我还是说，你再去看看。大概过了一个星期，他来上课时说：“哎呀！老师，我转了一圈儿，觉得我自己也有点儿巧言令色！”

孺子可教！这就是圣贤书的功效。它不指向任何人，只要求我们自省。只要你愿意，就可以一点点地接近圣贤。圣贤不是那么好做的，但我们进一寸就有进一寸的欢喜。不要指望立地成佛，修养需要日积月累，中途可能还会打退堂鼓、走下坡路，但只要坚持住、存养好，就能稳步向前，逐渐提升。

鲍鹏山教授曾以老虎和家猫为例，揭示圣贤书的不可替代性。他说，老虎相当于高学历的野蛮人，有更强的能力，但它属于丛林世界，没有人类世界基本的道德观。它是弱肉强食的，在捕杀猎物时，根本没想过对方是否痛苦。家猫不同，它是被驯化的物种，好比饱读圣贤书的君子，爪牙也很锋利，但与人接触时，懂得“藏器于身”，不会轻易挠人、咬人。

鲍教授还说：“中国古人的精神世界里有三堂，即学堂、祠堂与中堂。古代的孩子进学堂是跟圣贤在一起，听圣贤讲授圣贤书。现代的孩子知识更全面，但传统文化的缺失也是显而易见的。等走上社会再读、再学，其实已经晚了。学习要趁早，学传统文化更是如此。”

那么，圣贤书那么多，我们应该从哪一部学起呢？

除了上面提到的《论语》，我首推《孟子》。

众所周知，孟子有一句名言：“吾善养吾浩然之气。”浩然之气，其实就是我们常说的人间正气。这种气，需要时时涵养，不断修持，所以要住进天下最宽广的住宅——仁，站在天下最正确的位置——礼，走上天下最正确的道路——义。假以时日，量变就会引发质变，我们就会由一个普通人蜕变为孟子口中的大丈夫——富贵不能淫，贫贱不能移，威武不能屈！

我的传统文化书单

- **四书五经**

四书即《论语》《孟子》《大学》《中庸》，五经即《春秋》《周易》《礼记》《尚书》《诗经》。

- **延伸作品**

《春秋繁露》《韩诗外传》《皇极经世》《五行大义》《东坡易传》《周易集注》《康熙日讲解义》《周易古筮考》《高岛易断》等。

- **其他**

《老子》《庄子》《黄帝内经》《了凡四训》《孙子兵法》《百喻经》《指月录》《素书》《日知录》《传习录》《酉阳杂俎》《郁离子》等。

书香是一个家最好的风水

一日不读书，尘生其中；两日不读书，言语乏味；三日不读书，面目可憎。

读书是成本最低的投资，也是门槛最低的高贵。

读书的人可以经历一千种人生，不读书的人只能活一次。

在20世纪90年代，美国教育部曾经做过一项全球调查，研究结果表明，在影响孩子的学习成绩的要素中，“家有藏书”与“父母爱读书”发挥着至关重要的作用。

英国的一项研究表明，在世界各民族中，东亚人（中国人、朝鲜人、日本人）的平均智商最高，达到了105。究其原因，是东亚人传统上就有应试的文化，尤其是中国的儒家文化，一是要求读书，二是要求参加科举考试。即使是移民他国的东亚人，平均智商也是很高的，因为文化的基因是根深蒂固的，不是一代两代就会消失的。

确实是这样。

在一个家庭中，最重要的是饭香，其次就是书香。一个弥漫着书香的家庭，不仅能给人以智慧、精神的滋养，也能让子孙后代在浓浓书香中有更具深度的成长。

一个家最好的风水是什么？

梁晓声直言：“有读书传统的家风，是一个家最好的风水。”

书香是一个家庭最好的投资。古今中外，读书都是一个普通家庭改变命运最简单、最便捷的方式。

“一门三院士，九子皆才俊”的梁家，一开始也是平民之家，直到梁启超的祖父开始注重读书学习，才有了后来的逐代传承，越发优秀。

同样名人辈出的钱家，涌现出了钱学森、钱伟长、钱三强、钱玄同、钱锺书、钱穆，他们共同的祖先是一千多年前的浙江钱王。钱王原名钱镠，他创建了吴越国，重视农业与商业，也非常重视教育，并留下了“爱子莫如教子，教子读书第一义”的家训，代代相传。

曾经有人问钱伟长：“为什么你们钱家能出这么多名人啊？”

钱伟长开玩笑说：“因为我们钱家喜欢读书啊！书读多了，容易当官，当官容易出名。”

是戏言，也是真言。读书是天下第一好事。书读好了，其他想不好都难。

冯唐说：“一只鸟敢站在脆弱的枝条上歇脚，它倚仗的不是枝条不会断，而是它有翅膀，会飞。”读书，就可以为我们的人生装上翅膀。

小学的时候，冯唐跟老妈要45元钱买全套《辞海》。

“好，你知道我一个月工资是多少吗？55元。但是，买书，只要你买了之后会看，多少钱都可以。”老妈说。

后来这45元钱在学校被人偷了。回到家里，冯唐拒绝吃饭。

“你是不是不甘心，还想买？买吧，妈有钱，这次把钱放好。”老妈说着，又给了他45元钱。

他没好意思买45元钱的那版，而是花20元钱买了一本绿皮的厚厚的缩印版，从头读到了尾。

杨绛曾经说起，对于女儿钱瑗，她和钱锺书从来没有专门教育过。他俩爱读书，在家里写作、阅读时，女儿自然会效仿。家里的藏书，他们也是让孩子自由翻阅。钱瑗长大后，自然而然地进了北大。

杨澜曾经说过，读书，会让同样的家庭有不一样的氛围，会让同样的儿女有不一样的素养。

用老子的话说，就是“蓬生麻中，不扶而直；白沙在涅，与之俱黑”。家风就是磁场，家训就是定海神针。在古代，读书既是文人追求仕途的方式，也是他们寻找自我的归途。世界并不总是那么美好，当社会黑暗、政治腐败、庙堂进入逆淘汰之时，他们可以躲进书房，耕读传家，坐看云起。

没有深厚的文化根基，一个家族凭什么穿越历史，波澜不惊?

读书三要

- **要有志——**读书要有进取心，不流于形式，要通过读书完成自我成长。
- **要有识——**读书不可人云亦云，要学会思考，要善于识别善知识与正能量。
- **要有恒——**读书要有恒心，不要求快，不要贪全，要实事求是，坐得住板凳。

曾氏家训："五勤"做人，"五到"做事

勤学如春起之苗，不见其增，日有所长。辍学如磨刀之石，不见其损，日有所亏。

零星地变得优秀，也能拼凑出整个银河。生活中没那么多皆大欢喜，你只能拼命努力，去换一个还不错的结局。

曾氏，就是曾国藩；曾氏家训，即《曾国藩家训》。

有人说，曾国藩是半个圣人。这话得两说。但他能从一个并不伶俐的乡村子弟，逐渐成长为湘军领袖、朝廷要员，并直接决定晚清走向，身上确实有很多值得我们学习的品质，尤其是一个"勤"字。

一勤天下无难事，一懒世间万事休——这是曾国藩的名言。他的勤，不是形式主义，也不是眉毛胡子一把抓，而是极有条理，也就是他总结的"五勤"。这是他的为官之道，也是他的为人之道。

第一是身勤，也就是事必躬亲。作为实力派人物，巅峰时期的曾国藩，麾下将官、幕僚数百位，但不管是什么样的气象、什么样的环境，他必定闻鸡起舞，练兵督训，并且言传身教，给下属做好榜样。

第二是眼勤，也就是处处留心。曾国藩善于把握事物的细微之处，也擅长识人。有一次，一个同乡来投奔他，等那人吃完饭，曾国藩就打发他回了老家。旁人不解，曾国藩说：“这人在老家时，家境并不好，但是刚才吃饭时，他非常仔细地把带壳的黍子挑出去不吃，应该是个爱享受的人，受不了这里的苦。”

第三是手勤，这促成了曾国藩的三个好习惯：其一是每天写一篇日记，并通过写日记反省自己，不断修持自身；其二是每天读书写字，具体说来是每天读史至少10页，写字不下半小时；其三是不断写家书，据研究者统计，至1861年，曾国藩就写了253封家书，反复训导弟弟和子女。

第四是口勤，也就是苦口婆心，多方沟通。曾国藩刚开始练兵时，每天都要对士兵们强调：太平军毁掉了中国几千年的孔孟之道，不奋起反抗，怎么对得起祖宗！曾国藩自己说，他的训话虽然达不到“天花乱坠”“令顽石点头”的境地，但确实鼓舞了士气。

第五是心勤，也就是意志坚定，深思熟虑。曾国藩并不是军事奇才，刚开始打仗时，败多胜少，但他屡败屡战，坚信自己能够战胜太平军，不断调整战略，“结硬寨，打呆仗”，最终反败为胜。

按理说，这已经足够了。无论是谁，做到“五勤”已经很不简单。但曾国藩不这么认为，他认为仅仅做到“五勤”还不够，还需要同时做到“五到”，以之为补充。

简单来说就是：

身勤配合身到，也就是注重行动与实践。不论路途是否险远，处境是否艰难困苦，都要亲自去感受，从而知行合一，把事情落到实处。

眼勤配合眼到，也就是格物致知。曾国藩特别强调观察、了解与认知，看人如此，看书如此，看事物如此，看世界更是如此。举例来说，曾国藩建江南制造总局时，专门设立了翻译局，不仅翻译西方的科学技术，也翻译社会学名著。这很了不得，也是他开眼看世界后的具体行动。

手勤配合手到，也就是“易弃之物，随手收拾；易忘之事，随手记载”。曾国藩对自己的要求很高，不仅把自己动手的习惯落实到了方方面面，也要求家人务必遵守。举例来说，曾家的媳妇、女儿都得亲自下厨，还要按时给他寄亲手做的小菜与布鞋。儿子要洒扫庭除，甚至锄草、拾粪。

口勤配合口到，也就是一劝再劝，并且要“恳切行之”。他在家训里明言，要“戒多言”，以免祸从口出。对于同僚和下属，有些话不能不说，但要做到“不言人之过失，不评人之得易”。

心勤配合心到，也就是在不理解处下功夫，即精诚。曾国藩曾有“平生三耻”之说，其中一耻就是不懂天文算术，只懂得文以载道的儒家学问。所以当大数学家李善兰带着自己翻译的《几何原本》找到他时，曾国藩不仅慷慨解囊，承包了印刷费用，还反复揣摩书中的内容，并且根据自己的学习心得，给李善兰写了一篇序言。

八交九不交

关于人际交往，曾国藩总结出了“八交”与“九不交”原则：

- 八交：胜己者，盛德者，趣味者，肯吃亏者，直言者，志趣广大者，惠在当厄者，体人者。
- 九不交：志不同者，谀人者，恩怨颠倒者，好占便宜者，全无性情者，不孝不悌者，迂腐者，落井下石者，德薄者。

以身作则是最好的家庭教育

喊破嗓子，不如做出样子。

以身作则不是教育和管理的最好方法，而是唯一法则。

你不一定能给子女很多钱，也不一定能教子女很多知识，还不一定能培养他们各式各样的能力。但只要能以身作则，把孩子引上正轨，你就尽到了为人父母的责任。

网上有个小笑话：一个小男孩说了一句脏话，他爸爸听到后，上去就是一巴掌，然后骂道：“你个小兔崽子，谁让你说脏话的？”

是啊，究竟是谁让他说脏话的呢？

答案其实很简单。我们稍微留心就会发现，那些满口脏话的孩子背后，都站着一个爱说脏话的家长。相反，每一个有文明、懂礼貌的孩子背后，都站着一个有修养的家长。

古语说：“没有规矩，不成方圆。”但在立家规之前，首先要确定一件事，那就是规矩不仅仅是给孩子立的，父母同样需要守规矩。那些“只许州官放火，不许百姓点灯”的父母，首先要做的是自省与自我约束，因为上行则下效，特别是孩子小的时候，接触最多的人就是他们的父母，他们会不自觉地模仿父母的行为，父母就是他们天然的榜样。父母没有原则，不讲规则，便很难教育好自己的孩子。

古训有言：“身教胜于言教。”这是中国传统家教的重要经验。如果你只会口头传达，空讲大道理，一边做着破坏规矩的事，一边又要孩子遵守规矩，不但没法教育孩子，还会让孩子产生误区，那就是长大了就可以不守规矩了，或者说父母不在身边时，就可以放纵自己。其中潜在的危害，昭然若揭。

所以当你对孩子说“赶紧去学习”时，你就不要坐在客厅里看电视、嗑瓜子了。

所以当你让孩子“去练琴”时，你就不要坐在沙发上玩手机了。

所以当你不准孩子玩电子游戏时，首先要管住自己的心和手。

……

常言道：“严以律己，宽以待人。”但很多家长往往是“宽以律己，严以待人”，对自己要求很宽松，反过来却要求孩子必须按规矩办事。那么孩子当然会不服气，就会自然而然地想：凭什么爸爸妈妈可以那样，我就不能那样？不要拿“爸爸妈妈是大人”这样的话来糊弄孩子，他们只是知识少，心眼儿可不少。也不要用父母的威严压制他们，不能以身作则的父母，在孩子心中其实也没什么威严可言。

曾经有一张图片，被朋友圈的许多父母转载过。

那是一张在地铁上拍摄的照片，主题是正在坐地铁的两对母子。其中一对母子，是妈妈在看书，孩子也在看书。另外一对母子，则是妈妈在看手机，孩子也凑过去看手机。

你怎样，你的孩子就怎样。我们平日里一个不经意的动作，其实可能深深地影响孩子。抛开最终的结果不谈，这其实也是很多家长很想管教好孩子，孩子却总是不听话的原因，因为父母起到了很不好的“带头”作用。

还有这么一个例子：

有一个小男孩很淘气，在小区里玩时，随意把一个玻璃瓶子摔碎在水池里。妈妈批评了几句，然后蹲在水池里，徒手捞了十多分钟。这个过程中，妈妈的手被划破了，但她一言不发，继续搜寻、打捞玻璃碎片。小男孩则在岸上站得笔直，局促又担忧，一直望着妈妈，直到每一块小碎片都被打捞上来。

在这个例子中，错并不是妈妈犯的，似乎不需要以身作则。但如果她不能够展现修养，以身作则，言传身教，那就是她作为妈妈的失职。雅思贝尔斯说过："教育的本质，是一棵树摇动另一棵树，一朵云推动另一朵云，一个灵魂唤醒另一个灵魂。"很多时候，仅仅是口头教育，轻描淡写几句话，根本没法触动孩子的良知。而通过见证这十几分钟妈妈的亲身行为，相信那个小男孩不会再轻易犯类似的错误了。

教育从来都不限于书本，家规家训也不是列一些条目就行，真正好的教育，其实就藏在长辈小善小恶的细节里，藏在爸爸妈妈的以身作则中，藏在父母的言传身教里。

家规三原则

• 简单易懂不抽象

孩子的理解能力有限，特别是比较小的孩子，暂时不要跟他们讲一些"为天地立心"之类的抽象语句，先告诉他们做人要诚实、善良、守规矩、说话算话即可。家规不是限制，而是引导，等孩子树立起规则意识，他们就会自我引领，自己给自己定规则。

● **自由与规矩并行**

小树不修不直溜，所以家规应该从小就定。但规定的条条框框太多，同样不利于孩子的成长，还会使孩子变得自卑胆小，缺乏主见和自信。所以家规要定得松紧有度，让自由与规矩并行。

● **事先制定惩罚制度**

如果孩子犯了错却不需要承担后果，那么家规就像一张没有规定还款日期的借条，不具备任何约束力。所以事先就要制定惩罚制度，但惩罚要温和，要善用撤销类的惩罚，如取消孩子原本拥有的特权或一些游戏活动的时间，少用施加类的惩罚，更不能动辄报以拳脚。

尊师重道，人生难得一良师

法不传六耳，道不传非人，绝学都是关起门来教的。

无论是过去还是现在，想学一门真本事，都是很难的事情。

好老师如同再生父母，碰上一个就够了。

说到“尊师重道”，我首先想到的是孙悟空。

这个大闹天宫的泼猴，在面对黄袍怪时，居然张口说：“一日为师，终身为父”，义正词严且大义凛然，仿佛接受过正统的儒家教育。

其实儒家也好，道家也罢，没有菩提祖师的教导与栽培，孙悟空便只是花果山上一个有灵气的石猴而已，跨越茫茫大海，游遍两大部洲，终归是从哪里来，回哪里去。

而没有唐僧的进一步引导，孙悟空即使能通天彻地，一个跟头十万八千里，也要受困于自己的心魔，迟早还得被压在五行山下。

人也是这样。如果说父母孕育了我们的身体，那么老师便哺育了我们的心灵。没有父母，我们不能来到人世。没有老师，我们不能立足社会。所以说，老师是我们的第二任父母，不仅在学习上给我们传道授业解惑，有时还要在生活上照顾我们、在安全上保护我们、在情感上陪伴我们，等等。

古时候，中国人的中堂里通常都挂着“天地君亲师”的牌匾，不仅把老师的地位摆得很高，而且对“天地君亲师”五个字的书写也极为讲究。具体说来，是“天地”二字要写得很宽，取天宽地阔之意；“君”字下面的“口”字必须封严，意思是君王一言九鼎，口不可乱开；“亲”字的繁体字为“親”，右半边的“目”字不能封严，意思是亲不闭目；“师”字的繁体字为“師”，写的时候不写左边上部的短撇，意思是师不当撇，也就是不能撇开老师的意思。

举例来说，著名的河南康家，把如何对待老师写到了家规里，其中有个原则，就是终身制。凡是康家请来的老师，只要不犯原则性问题，康家都会把他养到老，死后还配享康家祠堂，如果愿意，还可以葬入康家祖坟，这个规矩持续了几百年。这就是对“师不当撇”的最佳诠释。

当今社会，一些传统的道德观念正在经受着考验，但尊师重道与孝道一样，早就成了中国人代代相传、牢不可破的信仰，不能撇开，也不可能撇开。

以刘翔为例，他固然有天赋，但没有孙海平，他的天赋很有可能会被浪费、被埋没。众所周知，刘翔是练跨栏的，鲜为人知的是，“刘飞人”最初是练跳高的。接触之下，孙海平敏锐地意识到，刘翔的身高决定了他在跳高这项运动中无法登峰造极，于是要他改练跑步，但不能练普通的跑步，要结合他练过跳高的优势，一边跑，一边跳，这就是跨栏！

什么叫慧眼独具？这就是。所以刘翔不止一次地公开表示：“没有师父孙海平，我不知道自己会是什么样。”而且他并非光说不练，有一次刘翔代言，公开说只有一个目的，那就是使住房条件不理想的恩师能在自家旁边安一个新家！新家四室两厅，比刘翔自家的三室两厅还略大、略好，但刘翔说得好：“师父本来就该比徒弟住得好！”

师生之间、师徒之间，究竟应该是怎样一种关系，其实并没有固定的标准，但它至少应该是相互的，而不是单向的。所谓“师徒如父子”，为师者固然要像父亲疼爱子女那样疼爱自己的学生，学生也要像尊敬父亲那样尊重老师。刘翔和孙海平亲密的师生关系，不仅成为行业佳话，而且成为各行各业师生关系的典范。

有人会说，就算我尊师重道又如何，天下有几个孙海平？就算有那么多的伯乐，我也不是千里马，怎么办？其实，尊师重道主要是一种态度，彰显的是一个人的修养，所谓“三人行，必有我师焉”，试想一下，如果当年张良没有给黄石公下桥捡鞋，还出言不逊，他是否还能得到真传？名师其实就在我们身边，并且一直在观察、考验我们。

尊师重道三颗心

- **恭敬心**——古代的拜师礼非常郑重，不仅要拜老师，还要拜孔子；不仅孩子要拜，父母也要拜；不仅要叩首，还要三跪九叩。这一拜，会使孩子对老师的恭敬心达到极致，也让老师自生庄严与责任心，从而千方百计地教育好学生。
- **崇敬心**——现代社会资讯发达，有些孩子在某些方面甚至比老师知道的还多，这时候家长要善于引导孩子，多挖掘老师的闪光点，让孩子崇拜、佩服、尊敬老师。
- **感恩心**——老师是孩子的再生父母，师生之间不仅有情谊，还有道义和恩义。要告诫孩子：怀着感恩之心对待老师。

一粥一饭，当思来处不易

一粒米，既可以把世界打倒，也可以把世界重新扶起来。

一碗饭，是造化之功，也是生命与生命的相逢。

珍惜粮食就是珍惜生命，浪费粮食就是浪费福报。

中国有句古话：“民以食为天。”短短五个字，足以说明粮食的重要性。不管是老百姓，还是帝王将相、才子佳人，无论他多么风光，其力量都来源于粮食所带来的能量。小小的一粒米，既可以把世界打倒，也可以把世界重新扶起来。

读中国历史，我最不想看到的就是“饥荒”一词。批评纨绔子弟，最常用到的就是“五谷不分”这个成语。称赞一个人菩萨心肠，必然少不了“开粥场”三个字。很自然地，珍惜粮食的格言语录也频频出现在各种家规家训中。

朱柏庐在《朱子家训》中提出：“一粥一饭，当思来处不易；半丝半缕，恒念物力维艰。”这里面有他的亲身体验。他刚满 18 岁时，父亲就去世了。除了侍奉母亲，他还要抚育两个年幼的弟弟，母亲还怀着一个遗腹子。当时又是战乱，吃不饱饭是常有的事。

“半丝半缕，恒念物力维艰”，说的是“温饱”中的“温”字。现代人很难理解，为何在古代，就连一件破棉袄、旧皮袍，也能放到当铺里，典当出银子来。其实古代物质匮乏、生产力低下，即使在太平年代，百姓的生活水平也很低。夏天还好，有各种瓜果蔬菜，可以抵很多粮食，也可以赤着脚，光着膀子；冬天就很难，天气严寒，不仅需要更多的能量，而且需要像样的冬衣。这时候，破棉袄虽破，但也是必需品和紧缺品，所以就有潜在的需求和相应的市场价值。至于旧皮袍，简直就是奢侈品了。

开家训先河的《颜氏家训》也强调："夫食为民天，民非食不生矣。三日不粒，父子不能相存。"意思就是说，民以食为天，没有吃的，老百姓的天就塌了。三天不吃饭，父亲与儿子连相互问候的力气都没了，当然也就谈不上父子之礼了。

颜之推又说："耕种之，茠鉏之，刈获之，载积之，打拂之，簸扬之，凡几涉手，而入仓廪……"意思是，粮食的获得很不容易，要经过播种、锄草、收割、运载、脱粒、扬簸等多道工序，要经过很多人的手，才能将其放进仓库。既如此，怎么可以不珍惜粮食呢?

粮食应该被珍惜，别的当然也不能浪费。自己的东西应该爱护，别人的东西自然也不能随意损坏。颜之推特意提到了一点，那就是借别人的书籍，必须加倍爱护，就算是原有的缺失损坏页，也要将其修补完好，再将书还给人家，这是士大夫的百种善行之一。

中国人责骂一个人的时候，不会骂他没上过学，也不会责怪社会使得他这样，而是会骂他"没家教"，就是说这个人的家庭教育不好。家教的内容很多，但有些东西是不变的，比如勤俭。成由勤俭败由奢，父母要从小教导子女勤奋，教他们主动做事，不怕劳苦，也要从小培养孩子节约、珍惜、爱惜的意识，一瓶水不能喝一口就不喝了，吃饭时不能总是剩饭，玩具也不可以玩几天就丢掉，餐巾纸要一张一张地使用……其实这些都是在教孩子惜福，只有从小惜福，才不会把福气散光。

三件事情不能省

● 学习不能省

学习是需要费用的，即使是孔夫子，也会收取腊肉若干。腊肉是肉眼可见的，但你能从老师那儿得到多少学识却是看不见的，所以很多人一提知识付费就犯嘀咕。其实为学习花钱是投资而不是消费，用于学习的钱千万不能省。

● 健康不能省

节俭的敌人是浪费，而不是正常开支。有人过惯了苦日子，会习惯性地节省，以至于为省而省。有人非得把食品放坏了才吃，有人硬是把自己省成了营养不良，有人身体明显不适还坚持不去医院。然而健康是一切的基础，如此“节约”，只会得不偿失。

● 情义不能省

对他人不能太吝啬，特别是对亲朋好友，有难处还是要帮，该舍的还是要舍。金钱只是工具，做人要有情有义，亲情、友情、爱情，仁义、公义、道义，哪一种都千金难买。所以，当情义遇到金钱时，一定不要把钱看得太重。

一个人只要不孝，就什么都不用谈了

羊有跪乳之恩，鸦有反哺之义。

孝顺还生孝顺子，忤逆还生忤逆儿。不信但看檐前水，点点滴在旧窝池。

这一生你只欠两个人，那就是父亲和母亲。别人只在乎你混得好不好，只有父母关心你过得好不好。

百善孝为先。

在中国，一个人只要不孝，就什么都不用谈了。

一个家如果出了不孝子，就已经走到了衰败的边缘。

所以从古至今，中国人都极其重视孝道，不仅在各种经典中反复提示，还有专门的《孝经》，有时还会将孝上升到治国的高度。

蒙学经典《三字经》中，也特意提到了《孝经》，说“孝经通，四书熟。如六经，始可读”。也就是说，在读四书五经之前，要用《孝经》启蒙。如果说四书五经是教人成贤成圣的，那么《孝经》就是教人如何做一个基本的人的。

先贤造字也很有讲究，比如“教”这个字，一半为“孝”，一半为“文”，说明教者首先要让人学会孝，引申为做人；其次才是教文，也就是文化知识。

我们再来看看“孝”这个字本身。

“孝”字是一个会意字，上部是一个不全的“老”字，下部是一个“子”字。“老”字不全说明老人体衰，需要子女撑持，没有子女撑持，老人就要跌倒。另一说法是，“孝”字头上是一个“土”字加上“人”字，左边一撇意味着一个身体已有一半入土的老人，极度衰弱，急需子女扶持和照顾。因此，孝道实际上讲的是父母与子女、长辈与晚辈、老年人与年轻人的依存关系，以及这种依存关系所形成的社会行为准则。孝道也强调了老年人的未竟事业需要年轻人去继承和发扬。

另外，“孝”字的小篆体很像一个躬身驼背的老人用手抚摸着他腰下的一个小孩，而小孩很温顺地接受老人的爱抚。因此，孝道的另一层含义是上辈人要关爱下辈人，特别是当下辈人未成年的时候要爱护、哺养他们。而下辈人对上辈人要尊重，接受上辈人的哺养、教育和传承。“父慈子孝”“尊老爱老”是对孝道精神的经典总结。

中国人考核人的第一个关卡，就是一个“孝”字。有没有孝心，对父母怎么样，是外界观察一个人非常重要的层面。所以“孝顺”这个词，不能简单地理解为“对父母又孝又顺”，因为它还有“你孝了，你自己遇事就顺了”的意思。外界随时在关注你、考察你，就看你值不值得信任，值不值得投资，值不值得一个机会！

于丹老师曾经讲过一个小故事：

在手机还未普及的年代，一帮朋友在一起聊天，其中一个人说：“我得给我爸妈打个电话。”说完他掏出手机，拨通之后，又迅速挂断，过一会儿又拨一遍……打完电话，朋友们很奇怪，问他为什么要拨两遍，有手机也不能这么炫耀啊！他解释说：“不是炫耀，我爸妈年纪大了，腿脚不好，他们只要听见电话响就认为是我打的，每次都恨不得扑到电话机上。特别是我妈，好几次都被桌子腿绊了。后来我就跟他们说，我会经常打电话，前提是你们不要跑，我第一次拨通后，响两三声就挂，你们慢慢走过去等着，过一会儿我一定再打过来……”

什么是“孝”？它不一定是给充足的钱财，百依百顺，24 小时侍奉在侧，它可能只是一件平凡的小事，小到微乎其微，却能给人很大的感动。曾仕强先生说过，不管公元多少年，每一年都是孝道元年。就让我们从当下做起，从小处尽孝吧！

孝的三重境界

大儒王阳明不仅是个孝子，还提出了孝顺父母的三重境界。

- 一是养父母的身，让父母吃穿不愁。这是最基本的，但还远远不够，还必须做到以下两条。
- 二是养父母的心，让父母既舒心，又放心。要尽可能地做出成绩，光宗耀祖，让父母舒心。如果不能在父母跟前尽孝，要经常报平安，让父母放心。
- 三是养父母的志，让他们活得有意义，有存在感，感觉到被需要，而不是无所事事。以王阳明为例，他担心父亲退休后寂寞，于是写信给父亲，建议他与同乡的退休官员谢谦、冯兰等人多走动，三人不仅有共同语言，谢谦与冯兰还建有山庄，可以与他们一道寄情于山水。

兄友弟也恭，家和万事兴

兄弟一母生，遇事不能争。兄弟多和睦，家道才能兴。

悌道就是利他之道，利他之道就是成功之道，极致的利他就是极致的利己。

谈完孝道，我们再来谈谈悌道。

孝，简单来说就是处理好与父母和长辈的关系。

悌，简单来说就是处理好与平辈之间的关系，通常指兄弟姐妹。

孝悌是一体的，都是为了培养仁爱之心，也都是做人的底线。

如果把原生家庭比喻成一棵大树，父母就是树根，兄弟姐妹则是相互连接的枝叶，也就是所谓的“同气连枝”。家若在，根就在。只有兄弟姐妹守望相助，大树才能不断开枝散叶，结出累累硕果。

家是社会的细胞，也是最小的团队。一个家庭有没有希望、一个团队有没有未来，主要就看家庭成员、团队成员之间是否团结。一个家长、一个经理人是否有能力，主要看他能否把团结的氛围带起来，这比什么都重要。

古人说，“兄友弟也恭，家和万事兴”，一个“友”字，道出了个中关键。“友”字最初的样子，就是两只手互相搀扶的样子。长兄如父，弟弟妹妹有了困难，应该立即去帮忙，不需要讲任何条件和理由。

而弟弟妹妹对于兄长，既要恭敬，也要听从训导。

所谓“兄弟如手足”，兄弟姐妹关系是除了父子母子关系之外人世间最真挚、最亲近的关系。兄弟是一根藤上的瓜，姐妹是一棵树上的果，血缘关系把我们紧紧地连在了一起，我们小时候在一口锅里吃饭、一个盆里洗澡、一张床上睡觉、一盏灯下读书。有时候兄弟姐妹之间的感情，比父母与子女之间的还深。

兄弟姐妹是人生的伴。欢笑在一起，伤痛也在一起。有智慧的父母，会尽量一碗水端平。明事理的孩子，也会尽量体谅父母的难处，帮助父母维护好这个家。

兄弟姐妹之间，没有不争吵、不打闹的，但为什么小的时候我们吵完闹完很快就过去了，长大了却有可能老死不相往来呢？通常都是钱闹的。《三字经》中也说，“财物轻，怨何生”，兄弟姐妹相处，应该把财物看得轻一点、淡一点，更应该重视手足之情、骨肉之情。

曾经有一位朋友，我戏称他为“哲学家”，因为他说过一句很经典的话：“中国式父母最喜欢说的一句话就是，‘五个手指头伸出来也不一般齐’，这没错，但五个手指头不一般齐是天生的，导致很多家庭不和睦的原因却是人为的！”这么有见地的人，按理说不会混得太差，但事实恰恰相反，由于他太较真，掉进了各种鸡毛蒜皮的漩涡里，结果家庭内的事没处理好，家庭外的事也一塌糊涂。我想劝劝他，也差点引火烧身，索性离他远点，分道扬镳了。

其实，父母给我们多少财产，提供什么样的帮助，与兄弟姐妹是否一样，不仅是他们的权利，也是一种他们自认为最妥当的安排。如果父母给你的东西少些，提供的帮助小些，说明他们认为你是兄弟姐妹中最有能力的，你不仅完全可以靠自己的双手开创一切，还能够帮助他们照顾兄弟姐妹。

不要因为你受了些委屈，就认为父母和兄弟姐妹不好。父母是我们的生命之源，兄弟姐妹则是我们人生的伴。一个人能否善于处理兄弟姐妹之间的关系，最能检验其胸怀和度量。人活于世，若是处处计较，步步算计，半点好处也不愿分给别人，那么他肯定也不会有什么大的成就。

悌道的三重境界

- **互相关爱**

悌道基于血缘，即血浓于水的本性，兄弟姐妹之间并不总是能够和睦相处，但无论发生什么，都应该彼此理解和宽容，要始终保持联系和关爱。

- **互相谦让**

很多家庭矛盾都源自一个“争”字，争财产，也争话语权和存在感。只有谦让，才能化干戈为玉帛。只有谦让，才能让爱不再狭隘。

- **互相成就**

“桃园三结义”就是最好的榜样，刘、关、张原本互不相识，但结为异姓兄弟后，同心同德，生死不改，奠定了蜀汉政权的雏形，最终成就了三足鼎立之势。

三岁看大，从小就要守规矩

三岁看大，七岁看老，一十二岁定终身。

家长的教育里，藏着孩子的运气。家长的举止里，藏着孩子的福气。

美国心理学家布鲁姆研究发现，5 岁之前是一个人智力发展最为迅速的时期。到 12 岁时，人的智力基本上就已经定型了。换句话说，12 岁之前是人一生的关键期，而 12 岁之前的关键期是 6 岁之前，6 岁之前的关键期则是 3 岁之前。所以说，中国老百姓常说的“三岁看大，七岁看老，一十二岁定终身”，是有科学依据的。

布鲁姆口中的“智力”，其实就是现代人熟知的“多元智能”，它包括言语——语言智能、身体——动觉智能、音乐——节奏智能、逻辑——数理智能、视觉——空间智能、自知——自省智能、交往——交流智能、自然——观察智能共八大智能。而在我看来，与其称它们为“智能”，倒不如称它们为“能力”更准确。所有这些能力，都存在关键期的问题。在恰当的关键期，培养相应的能力会事半功倍，过了这个关键期，恐怕连事倍功半都是奢望。

举个例子，有一对年轻的夫妻，生下孩子后就把孩子交给孩子姥姥照顾，结果姥姥爱打麻将，每天把孩子哄睡着后就去打麻将，结果孩子1岁多才开始学说话，学的第一个字是“碰”，第二个字是“和”，而不是“妈”，直到4岁时才开始学着叫“妈妈”，这明显就是没抓住语言形成的关键期。

另外根据追踪发现，那些顽劣的儿童和过于叛逆的少年，之所以在青少年时期表现“突出”，就是因为他们在第一反抗期的阶段，也就是2—4岁，被过多地放纵与溺爱，形成了任性、骄横的性格。他们那个时候不知道什么叫规则，什么叫遵守，什么又叫服从，长大了就容易铤而走险，挑战党纪国法。

所以古人说，“小树要砍，小孩要管”，又说“十年树木，百年树人”，“树木”与“树人”确实有不少相通之处。小树长势旺盛，会不断生出各种枝杈，既夺取营养，也影响主干的发展，所以要尽量在枝杈还很细小时处理，长粗了就很困难了。小孩子在成长过程中，也免不了犯各种错误，暴露各种缺点与不足，有些可以批评教育，有些可以提前预防——也就是定家规。

中国人的家规我们讲了不少，这里我们讲一个外国人的家规。

美国前总统奥巴马有两位千金，奥巴马很宠爱她们，但也原则分明，本着绝不把孩子惯坏的原则，给孩子们定下了9条家规：

1. 不能有无理的抱怨、争吵或者惹人讨厌的取笑。

2. 一定要铺床，不能只是看上去整洁而已。

3. 自己的事情自己做，比如自己冲麦片或倒牛奶，自己叠被子，自己设置闹钟，自己起床并穿衣服。

4. 保持玩具房的干净。

5. 帮父母分担家务，每周1美元。

6．每逢生日或圣诞节，没有豪华的礼物和华丽的聚会。

7．每晚 8 点 30 分准时熄灯。

8．安排充实的课余生活，包括但不限于跳舞、排戏、弹钢琴、打网球、玩橄榄球、练体操等。

9．不准追星。

为什么不准追星呢？因为对普通人来说，追星追不出未来。而对奥巴马的女儿来说，追星远不如追自己的奶奶。

众所周知，奥巴马有一位伟大的母亲。她突破种族偏见嫁给了黑人，与丈夫离婚后依然胸怀宽阔，不让儿子对前夫有偏见，并让奥巴马从小接受精英与多元化的教育。

6 岁时，奥巴马母子俩在印尼生活，由于没有钱，母亲不能送奥巴马去国际学校，只好送他去使用当地语言教学的普通学校。为了不影响儿子的未来，她选择亲自辅导奥巴马。每周周一到周五，她都会在凌晨 4 点叫奥巴马起床，教他 3 个小时的英文，然后送奥巴马去学校，自己再去上班。想想看，这需要怎样的毅力和付出？所以奥巴马不止一次地告诉两个女儿："这正是我在你们这个年纪时，奶奶想要教我的东西。我身上最好的东西都要归功于她，所以我也想给你们。"

奥巴马的四大锦囊

- **"要知道我们爱你们"**

奥巴马的家规定得很具体，对女儿的爱也体现在每件小事上：和女儿手牵手滑旱冰；相互击掌鼓励对方；无论是萨沙的舞会，还是玛利亚的篮球赛，他都尽量参加。如果出差在外，他每晚都会给女儿打电话，让她们知道父母从没有将她们遗忘。

- **“守规矩但适当通融”**

两个女儿可以做自己喜欢的事情，但不能越界。比如，允许她们与青少年乐坛偶像“乔纳斯兄弟”见面，但拒绝让她们参演风靡全美的少儿电视剧《汉娜·蒙塔娜》；可以使用音乐播放器、照相机和电脑，但不能违反学校规定，把手机带到课堂。

- **“好孩子心中有他人”**

奥巴马夫妇一直教育女儿，心中要有他人。在父母的指导下，玛利亚和萨沙会参加志愿活动，帮助穷人，并选择以“尊重他人、服务社区”为教学理念的西德威尔友谊学校就读。

- **“不要在周围筑起围墙”**

母亲曾经对奥巴马说：“你不能像那些只顾享乐的人一样，总是坐等机会送上门来。”继父也曾经告诫过他：“最好成为强者，如果你不能成为强者，那么就成为智者，然后再去为强者出谋划策，使他们爱好和平。”奥巴马也把这种励志教育贯穿于家庭教育中，他希望女儿能成为有同情心和责任感的女性，而不仅仅是忙于谋生。

站要有站相，坐要有坐相

手不扶碗穷一世，抖腿耸肩霉三代。

你不经意的样子，正在暴露你的层次。

别小看小节的力量，只要让人感到不快，它就可能给我们带来麻烦和障碍。

小时候，如果我们站不直、坐不正，松松垮垮、吊儿郎当，父母总会一本正经地训斥我们：“站要有站相，坐要有坐相！”如果我们不改正，等待我们的就是重重的一巴掌。

当时我们不理解，以为他们是为了体现家长权威，特意针对我们。随着我们慢慢长大，尤其当我们也为人父母后，才慢慢理解了父母的良苦用心。

“站要有站相，坐要有坐相。”这不仅仅是对体态的简单要求，更是个人素养和家庭教养的综合展现，也就是人们常说的形象。

古人云：“心有所想，身有所动。”外在是内在的折射，处处彰显着修养。真正有修养的人，必定会考虑对方和公众的感受。即便不认可对方，也不会在行为举止上让对方望而却步。

站相与坐相只是仪态里面比较明显的两个点，延伸开来，走也要有走相，吃也应该要有吃相，穿衣打扮自然也应该遵循一些基本原则。

古人则有更多的要求。比如《弟子规》里，不仅有对步态、站姿、坐姿的规定，也就是“步从容，立端正”“勿箕踞”“勿跛倚”等，也有对作揖、叩拜、揭帘、转弯、执器等一系列具体动作的明确规定，也即“揖深圆，拜恭敬”“缓揭帘，勿有声”“宽转弯，勿触棱”“执虚器，如执盈”等。此外，《弟子规》还特意强调了一些民俗上的禁忌，比如“勿践阈”，也就是不要踩踏门槛，这会被视作对主人的不敬；再比如“勿摇髀”，也就是不抖腿，很多人都有这种毛病，抛开其他不谈，至少在别人看来，这是内心浮躁、举止轻浮的表现，非常不雅观。现实生活中不乏这样的例子：

李佳刚刚毕业，最近正忙着找工作。在室友的引荐下，她去了一家心仪的知名企业应聘前台。由于提前做了攻略，她的着装还算得体，身材又很高挑，加之室友的各种助攻，所以面试官对她的第一印象很不错。对方的提问，李佳也能对答如流。但是面试结束，她得到的结果是“等消息”，最终不了了之。

李佳想不通，也不甘心，便让室友去问面试官。得到的答复是，各方面都很好，但是仪态不太优雅。尤其是坐姿，刚开始还好，但聊着聊着，就靠在了沙发上，不像是来面试的，倒像是来 KTV 唱歌的，让人不敢恭维……

其实，不只是中国，别的国家也很注重站相、坐相等举止礼仪。英国著名的《绅士守则》中，就要求绅士们在任何时候都要保持优雅与得体。美国的国父华盛顿总统，在自己抄录的《修身守则》中，也强调“坐立时，脚放稳；勿叠脚，勿跷腿”。这说明基本的仪态就是基本的修养，它们是跨越时空和文化界限的存在，理应成为我们生活中的一部分。不要认为不拘小节没什么，只要让别人感觉到不快，它就可能给我们带来麻烦和障碍。再者说，这本身也是修养的基本功，我们没理由也不可能绕过它。

《礼记》的教诲

- **坐如尸**

这里的“尸”不是指尸体，而是指古代祭祀时用以代替神鬼受祭的人。也就是说，坐着要像扮演神鬼的人一样，正襟危坐，端正且庄严，即坐有坐相。

- **立如齐**

这里的“齐”通“斋”，指古人祭祀前的斋戒。也就是说，站立时要像斋戒时那样规规矩矩、谦恭敬畏，即站有站相。

- **礼从宜**

“宜”即时宜，也就是在不同的时间和地点，要注重相应的规矩和礼仪，即符合时宜。

- **使从俗**

“俗”即风俗，也就是常说的入乡随俗，侧重点是遵从别人的习俗，严禁把自己的好恶强加于人。

一个好习惯，胜过一百句大道理

思想决定行为，行为决定习惯，习惯决定性格，性格决定命运。想除掉地里的杂草，最好的办法就是种上庄稼。想培养优秀的孩子，最好的方法就是培养好习惯。

为什么我们听过许多道理，却依然过不好这一生？相信你也听过这样的话，也曾经为之困惑，继而更加迷茫。

其实我们都明白，我们需要的是一种能力，而不是一个道理。或者说，不是道理没用，而是习惯不好。只有把道理内化成习惯，知行合一，明理笃行，才能拿回生活的主动权。

有人说，每一个好习惯都有复利效应，都是铺在未来路上的惊喜。那些最要命的差距，也都是在最平淡的日常里拉开的。确实如此，但我们培养好习惯，最主要的目的不是成功，而是避免追悔莫及。

有一次，我看到一个人带着一条狗过马路，主人动作很快，率先在红灯快亮起时穿过了马路，而他的狗因为撒尿做标记，稍晚了一步，这时候红灯已经亮起，于是狗选择停下等绿灯。等绿灯亮起，狗才穿过马路，与主人会合。

有人会说，这条狗真聪明，居然像人一样遵守交通规则。其实仔细想想，倒不是狗有多聪明，而是它训练有素，形成了条件反射。看到红灯就停下来，并不是它思考的结果，而是一种习惯的驱使。

美国著名教育家曼恩说过：“习惯就像一根缆绳，我们每天给它缠上一股新索，要不了多久，它就会变得牢不可破。”小时候，很多东西是孩子不太能理解的，但只要遵从父母的教诲，牢记在心，养成良好习惯，就好比在我们的神经系统中储备了一笔道德资本，这笔道德资本会随着我们的一言一行不断增长，让我们一生享受它的利息。

反过来说，如果一个人没能在孩提时代养成良好的习惯，他的头脑里也不是一片空白，而是会被坏习惯填满。

在育儿领域，有一本非常经典的著作，叫《卡尔·威特的教育》。作者在书中提及，好的习惯在孩子幼小时很容易形成，但在孩子长大后便很难养成。同样，孩子如果在小时候就有很多不良习惯，长大后也很难改掉。

正是基于这种理念，作者把他的儿子培养成了享誉欧洲的天才：8 岁熟练运用六国语言，9 岁上大学，14 岁获得哲学博士学位，16 岁获得法学博士学位并成为柏林大学的法学教授，23 岁发表个人专著，成为研究但丁的权威……

是不是因为他的儿子天赋异禀呢？恰恰相反，他的儿子出生时，还曾被医生诊断为“痴呆儿”！

好习惯拥有巨大的力量，但必须以时间为前提。有这么一句话：“任何不起眼的投入，乘以时间，都会变成只可感叹而不可亵玩焉的鸿沟。任何比天大的差距，除以时间，都会沦为一滴一滴足以把青蛙煮烂的温水。”所以古人说：“前三十年人养习惯，后三十年习惯养人。”因此，想让孩子养成好习惯，就要从娃娃抓起。

让孩子受益一生的四种习惯

● 诚实习惯

孩子有意识地说谎，往往是为了逃避惩罚。家长可以告诉孩子，做错事勇敢承认就不会被责罚，但撒谎一定会被责罚。这样，孩子就不会用谎言来逃避责任了。

● 学习习惯

对于孩子的学习，往往是父母参与得越多，效果越不尽如人意。聪明的父母会培养孩子良好的学习习惯，自己只充当监督和提醒的角色。

● 独立习惯

当父母为孩子做太多时，孩子就不会为自己做太多。依赖成性的孩子永远长不大，家长总是把孩子保护在羽翼之下，只会让孩子变得畏首畏尾，甚至产生自卑心理。

● 理财习惯

如何使用金钱也是一门学问，不懂这门学问，孩子长大后要么过得穷困潦倒，要么为钱不择手段，而这些都不是父母愿意看到的。有远见的父母会在小时候，帮孩子建立正确的理财观念，让孩子懂得如何支配金钱，从而在成年后支配自己的人生。

第二章

修身

你的身体就是你的庙宇

所谓修身，就是不断修正自己

所谓修身，就是不断修正自己。

所谓修养，就是不断完善自己。

所谓修行，就是不断修正自己的行为。

所谓修炼，就是不断磨炼自己的心。

修身是传统文化中的重要概念，也是儒家的根本学问与根本功夫。

《大学》有言："自天子以至于庶人，壹是皆以修身为本。"也就是说，所有人都应该把修身当作人生的根本大事。

《大学》还说："欲治其国者，先齐其家；欲齐其家者，先修其身……身修而后家齐，家齐而后国治"。可见，修身是一切的基点，也是一切的核心。

而所谓修身，其实就是不断修正自己。

人无完人。一个人只要肯内观，肯自省，多多少少都会发现身上一些不足、不对、不好的地方，修一修，正一正，人就会变得更好，更完善。

我们讲讲"企业界的修行者"张朝阳。

他是"神仙大佬"的代名词，有普通人难以企及的学历、才华和财富，一高兴就买个游艇奖励自己，还有惊人的运动天赋，玩个滑板、跑个马拉松都是小意思，用他的话说就是“我真的什么都有了，想要什么我就可以买什么，但是我居然这么痛苦”。因为他患上了抑郁症。不过也是抑郁症让他明白过来，“幸福跟钱的多少真的没有关系，反而钱很多，或者名气很大，成功来得太快的时候，你没有及时管理好自己，更容易让你陷入精神的痛苦”。

在东方哲学的指引下，他进一步反思，认识到一切都是因为自己的心不正。他说：“出了名的人有可能会失去谦卑感，他的思维会比较放纵。我是出了名的人，1998年到2010年这12年间，我一直处于一种自我感觉良好的状态。在这种状态下，你会认为自己是最聪明的人，认为自己最厉害。当你失去谦卑感时，你会把自己的利益、自己的想法、自己的要求看得非常重要，反而忘记了责任与义务才是你最好的良药，它们是极其重要的。”

如今，张朝阳不仅走出了抑郁，还搞起了“全方位沉浸式科普”，兼顾了公司与公益。这既是个人兴趣使然，也是对自我角色的匡正和使命感使然。

那么，普通人应该怎么修正自己呢？

哲学界有一个很棒的观点，大意是说要除掉田野里的杂草，最好的办法是种上庄稼。这是宏观的层面。也就是说，要多学好的东西，好的东西多了，坏的东西自然就少了。我们的大脑就是个阵地，不被邪的思想占据，就被正的思想占领。

至于微观层面，就好比种上庄稼之后，杂草一冒头，就要立即除掉它，用专业的话说就是“除早”“除小”，不让它发展壮大，滋生蔓延。

也就是说，觉察到什么行为、思想、念头不对，就要马上改正、端正、纠正。世上没有除不掉的杂草，也没有一劳永逸的农夫，修身也是如此，就算每天接触善知识、正能量，正念很足，也难免会冒出一些杂念，这很正常，“时时勤拂拭，勿使染尘埃”即可。

当然，我们说的“修正”指的是小范围的修正与调整，并且每一次的修正都要伴随着提升，而不是像小品里说的那样，“错了就改，改了再犯”。颜回“三月不违仁”的前提，是因为他能够做到“不二过”，我们也不能为了修正而修正，不能总在一个问题上摔跟头。

修掉四种不正心

《大学》认为，修身的前提是正心，修掉以下四种不正心，是修身的门径。

- “忿懥”心。“忿懥”即愤怒。“身有所忿懥，则不得其正”，因为忿懥会让人丧失理智，失去判断力，看不清真相。
- “恐惧”心。“恐惧”即畏首畏尾。“有所恐惧，则不得其正”，因为恐惧会使人瞻前顾后，没有担当，丧失气节。
- “好乐”心。“好乐”即特殊嗜好。“有所好乐，则不得其正”，因为好乐会使人沉溺，偏爱会使人盲目，玩物丧志者，大多难以自拔。
- “忧患”心。“忧患”即患得患失。“有所忧患，则不得其正”，因为“忧患”会使人狐疑不决，消磨自信，英雄气短。

人生如戏，但不要沉迷游戏

玩人丧德，玩物丧志。

谁敢游戏人生，谁就一事无成。

谁不能主宰自己，谁就是永远的奴隶。

有所好乐的“好”，不是指喜好，而是指偏好。偏好就是刻意的贪求，刻意的贪求就会蒙蔽我们本已偏执的心。有所好乐的人往往是没有什么定力的，能开始不能结束，想收手欲罢不能。而让人欲罢不能的，又大多是一些低级趣味的东西，是杂草而不是粮食，不修掉它们，就不能实现自我，就不能遇见更好的自己。

沉迷游戏，属于前面所说的四种不正之心中的好乐心。

举例来说，当我们口渴时，我们应该喝水；实在没有水，偶尔喝点饮料也行。但是如果因为喜欢饮料的甜味，动不动就喝饮料，不知道节制，甚至只喝饮料，用饮料替代水，就是有所好乐。

游戏也是如此。如果不沉迷其中，能随时放下，在工作、学习之余玩上一会儿，其实无可厚非，权当休息换换脑筋。但如果脑子里只有游戏，工作、学习、生活乃至整个生命都以游戏为中心，就很成问题了。其中的差别，就是前者是人玩游戏，而后者是游戏玩人。

我们来看一个例子：

张非是一个与众不同的学霸，他身上充满了复杂性，他的故事能够让我们从深层次了解学习、游戏以及生活本身。

对一般学生而言，高考通常只有一次。而张非参加过许多次高考，并且在每次考试中都能名列前茅，他曾经考入过北大一次、清华两次，并且毕业于清华，但他的现状并不理想。

整个高中时期，张非一直保持着非常好的成绩。首次高考，他就以非常优异的成绩考入了复旦大学。复旦也是全国双一流大学，还是中国人自主创办的第一所高等院校，对一般学生来说，能考上复旦就已经是求之不得的事情。但张非却只想上清华、北大！因此他决定复读一年，再参加一次高考。

第二年，张非果真如愿考入了北大。也正是在北大期间，他陷入了网络游戏中，无法自拔。短短一年之内，他就有 7 门成绩不及格。没办法，张非被劝退了。

回到老家，他决定重新高考。也许是对北大有阴影吧，这一次，他以优异的成绩考入了清华。然而，进入清华校园后，张非非但没有吸取之前的教训，反而对游戏更加沉迷了。就这样，张非又一次因为学分问题被学校劝退。

怎么办？接着考。通过高考，他又一次进入了清华。这一次，他也不想再次被劝退了，即使他依然沉迷网络游戏，但最终他也勉强修够了学分，拿到了毕业证。但这张华丽的文凭并没有给他带来多么光明的未来，因为在他的生活中，游戏依然是不可或缺的。但凡有点儿时间和精力，他就会跳进网络世界。所以，当他想考研时，鉴于他的黑历史，很多导师都不愿意接受他，他不得不离开学校，走上社会。但由于他继续沉迷网络游戏，用一些媒体的话说，早已经“泯然众人”。

其实，张非的故事并不是个例。据了解，清华、北大等顶级学府的本科生，甚至研究生，每年都有类似的情况，而且被劝退的学生为数不少。细究起来，这还不仅仅是“张非们”的问题。

有些家长在教育孩子的时候只盯着成绩，唯分数论。张非的一位高中同学就说过：“张非不爱运动，体育成绩刚过线。有一回我和父亲争吵，我说我起码比张非跑得快，结果我父亲反驳我说跑得快有什么用？不就加 10 分吗！人家张非虽然天天打游戏但总考第一。如果你的成绩有人家的一半，我也任你玩！”这位同学坦言，自己至今还活在张非的阴影中。

不仅在一些家长的眼中，张非的缺点被弱化、被美化，就连张非屡次复读的高中，也能让他每次回去都享受“熊猫级”待遇，让他没有一点羞愧感，这是学校在人文教育方面的失败，是中国传统“耻”文化教育缺失的体现。但不管怎么说，单最终还是要由自己买的。与其埋怨游戏，不如加强自律。否则，就算没有游戏，也一定会有别的事物让你着迷，让你沉溺。

修身，是个人成长的头等大事和当务之急。

如何戒掉游戏

- **用好的爱好替换坏的**

沉迷游戏是因为里面有吸引人的东西，要找到新的吸引人的良性爱好，并不断告诉自己，游戏虚拟无益，不如用玩游戏的时间选择有益的爱好来提升自己。

- **给自己定个小目标**

如果只是一天不玩游戏，对谁都不是难事。如果能坚持一天，就可以坚持一周。如果能坚持一周，就可以逐渐戒掉游戏。

- **和优秀的人交朋友**

要多跟优秀的人比，想想自己玩游戏时，他们都在干什么。要借鉴他们的好习惯，最好能跟他们交朋友，让他们做你的教练。

凡是让你沉迷的，都在让你沦为奴隶

要警惕那些让你上瘾的东西，因为它们都有毒！

要记得人与动物最大的差别就是人会思考，别丢掉这项技能！

想想看，当你上班一只眼盯着领导、同事，一只眼偷瞄网络小说时，你还是你吗？

先问一个问题：走在大街上，左边是哲学家的卖力演讲，右边是两个人在吵架，你认为哪个更吸引人？

答案自然是吵架。因为这符合人性，人性使然，人都会趋向那些低俗的刺激，而本能地回避高深的内容。

人性即人的本性，除趋向低俗的刺激之外，还包括趋利避害、贪生怕死、贪财好色等。不要觉得这很难启齿，优秀的人从不回避这些。人气超高的董宇辉在直播间里就说过，他的缺点非常多，也是个贪财好色的凡夫俗子，只不过略微克制，仅此而已。

其实，略微克制已经很难，五千年传统文化，儒释道三教三家，于普通人而言，说到底就是“克己”二字。

克己的本质，是控制自己的欲望，用一个现代的词来代替“克己”，那就是自律。谁都知道自律好，但能主动约束自己的人还是很少的，我亲耳听过一个自认为传统文化学得很好的人说，“我不喜欢儒家的学问，都是条条框框”，好像其他传统文化就能够任其随心所欲、胡为似的。

古今中外，凡能取得大成就的人，往往都是能够克己自律的人。痛苦，未必是提升一个人的最佳方式，但肯定是提升一个人的最快方式。所以真正了解这个世界的人，都是“自讨苦吃”的人。

国际篮球巨星科比，曾经自述：“每天早晨 4 点，洛杉矶还处于黑暗中，我就起床行走在黑暗的洛杉矶街道上。一天过去了，洛杉矶的黑暗没有丝毫改变。两天过去了，黑暗依然没有半点改变。十多年过去了，洛杉矶街道早上 4 点的黑暗仍然没有半点改变，但我已变成了肌肉强健、有体能、有力量、有着很高投篮命中率的运动员。”科比的命中率有多高呢？他曾经得到过单场 81 分的高分，仅次于张伯伦的 100 分，位列 NBA 历史第二。

没办法，凡是能让你获得长足进步的事情，都是让你在当下感到痛苦的事，比如阅读、刷题、晨练、瑜伽。凡是想要实现逆风翻盘、东山再起、寒门出贵子，都需要一个人拥有强大的上进心与克制力，都需要我们不断地远离舒适区，“自讨苦吃”。

这个世界有一个基本法则，那就是平衡。做人，先苦就后甜，先甜就后苦。凡是让你痛苦的东西，最终一定会成就你。反过来说，凡是让你沉迷的，也都在让你沦为奴隶。

现如今大部分人沉迷短视频，是因为它新鲜、刺激且短平快，这样的刺激方式会导致多巴胺的爆发，从而让我们产生快感。但人产生快感的阈值会不断升高，要想一直获得快感，就得不断加强刺激，刷短视频是这样，美食、游戏、赌博、抽烟等也都遵循这个逻辑。

做自媒体的人都知道“算法”一词。如果有造物主的话，他应该也有一套算法。他站在高维，不断收集我们的数据，然后通过数据解读我们、透视我们、分析我们，看我们喜欢什么、想要什么，然后疯狂地推送什么，不断挖掘你深处的癖好，使你无限沉溺。

但这可不是喜欢你，而是为了控制你，让你做他的奴隶。只有极少数人，能够通过修身正己，远离贪念和刺激，不断地突破自己、成就自己，让造物主设定的命运程序也无能为力。

自律升阶

- **初级自律**

把占时间、占精力、占情绪的所有没有价值的事情统统处理掉，即断舍离，包括游戏、小说、电视剧、短视频，除非你以此为业。

- **中级自律**

和自己的本能作斗争。到点就起床，吃完饭就洗碗，再枯燥也要做，再难也要克服。是错的就改变，是对的就坚持。

- **极致自律**

把好恶当成天敌，把自律当成习惯。没有人监督也严于律己，没有人鼓励就自我鼓励。开心过好每一天，认真对待每件事。

熬夜的人，究竟在熬什么？

赖床，是没勇气开始这一天。

熬夜，是没勇气结束这一天。

别赖床，早起的鸟儿有虫吃。

别熬夜，睡得太晚，连做梦的机会都没有。

“夜太美！尽管再危险，总有人黑着眼眶熬着夜……”

——时下的年轻人，几乎都听过萧敬腾的《王妃》，也没有几个不熬夜的。

那么熬夜的人，究竟在熬什么？

或者说，人为什么这么喜欢熬夜？

有人说，生前何必贪睡，死后必定长眠；有人说，熬夜只是为了多留一点时间和自己相处；还有人说，熬夜是为了给自己充电，更好地迎接明天；当然也有人说，你以为我想熬夜啊，老板非让我加班啊……

不论你把熬夜这件事描述得多么有诗意，也不管你是不是有不得不熬夜的理由，夜晚就是用来睡觉的，你可能还不想睡，但你的“神”早该睡了。

这里所说的“神”，从中医角度说就是与人的五脏——心、肝、脾、肺、肾相对应的“五神”，即神、魄、魂、意、志。白天，它们随五脏一起运转，成为五脏各自生理功能的一部分，晚上就应该伴随着机体的休息而休息。人休息不及时就会疲惫，疲惫得不到缓解就会生病。这些病包括器质性病变，也包括精神层面的病变，比如焦虑、狂乱、失眠、梦游、健忘、意志消沉、神经衰弱、心神不宁等。

西医研究也认为，当你极度缺觉时，你的眼睛虽然还睁着，但你的大脑可能已经睡着了。疲劳驾驶的人最有发言权，往往是车还在往前开，人已经做起了梦，等到对面忽然鸣笛，或者有强光照射，才忽然转醒，其危害不言而喻。如果把我们的身体比喻成一辆车，长期熬夜也会导致车辆提前报废。

心病还需心药医。

人们之所以熬夜，其实不外乎以下两大原因：

首先是要实现“时间自由”。明明知道熬夜不好，为什么我们还是把持不住？因为白天太忙了，既要工作，还要生活，同时还要给太多的人提供情绪价值，白天的我们根本不是我们自己，我们的时间被“公摊”得所剩无几。之所以要晚睡，就是因为只有夜晚才属于我们自己，我们在白天失去的，只有在夜晚才能找回。

从传统文化的角度看，这其实是我们介绍过的“忿懥”心的表现。“忿懥”即怨恨且愤怒，其逻辑是，你不是不让我时间自由吗？好，白天归你管，晚上你管得着我吗？然而我们也说过，“有所忿懥，则不得其正”，摆不正自己的心，怼天怼地怼空气，修心什么的先不谈，有意义吗？

其次是焦虑所致，而且是越焦虑，越熬夜。举例来说，如果你得到了内部消息，明天就要被裁，你不仅得不到赔偿，而且没任何退路，你可能会焦虑得睡不着觉，但你睡不着觉也没用，因为事情已经确定了，你不仅解决不了，也没有信心找一个更好的工作，谋一个更好的前程。

那些因为工作或生活压力熬夜的人，他们不睡觉，往往也不是为了解决焦虑本身，而是干着一些八竿子打不着的事。比如我认识一个女孩，她在工作压力大的时候，晚上会熬夜看不同的吃播，看完抖音的还要看快手的，看完国内的还要看国外的，直到手机砸到脸上，实在顶不住了，才沉沉入睡。

从心理学上讲，这既是一种代偿机制，也是一种强迫症，还是一种虚妄的优越感。其逻辑是，你看看你，同是天涯沦落人，但我比你好多了，这么晚了你还在工作，太可怜了，其背后则是对被控制的愤怒和对被惩罚的恐惧，从传统文化的角度看，其实就是我们之前介绍过的“忿懥”心、“恐惧”心，再加一个傲慢心，这些都是需要被修掉的不正之心。

睡眠修复方案

初利用“21 天效应”

行为心理学中有一个现象叫“21 天效应”，即人的行为与想法重复 21 天就会形成习惯。反过来说，我们也可以运用此效应，慢慢调整自己的生物钟，养成早睡早起的习惯。

“睡好子午觉，胜过吃补药”

子时之前要尽量入眠，中午要尽量打个盹，哪怕是 10 分钟也好。不管多忙，一周之内至少保持 4 天的正常睡眠。

提前休息

如果不得不熬夜，可以在熬夜前睡上一两个小时，睡不着也要闭着眼休息。熬夜之后要尽可能地补觉，睡不着就闭目养神。

五色令人盲，五欲令人狂

其嗜欲深者，其天机浅。

在饱极生厌的边缘，欲望依然是无限的。

被欲望控制时，人是渺小的。被热情激发时，人才是伟大的。

《道德经》有言："五色令人目盲；五音令人耳聋；五味令人口爽；驰骋畋猎，令人心发狂；难得之货，令人行妨。是以圣人为腹不为目，故去彼取此。"后人为了方便，把它简化成了"五色令人盲，五欲令人狂"。

这里所说的"令人狂"的人是谁呢？

是你，是我，也是他，是每一个渴望泼天富贵的人。

所谓"五色"，就是缤纷的色彩，令人眼花缭乱。在古代，通常是指漂亮的衣服、装饰等。在现代，还要加上一个手机，其内容五光十色，非常诱人。而"目盲"就是"心瞎"，人失去了对现实真相的观察和判断力。太多的"色彩"，过多的"选择"，是"心瞎"的原因。好比一个人买衣服，会不停地问别人好不好看，最后买了一件别人说"好看"的衣服。

所谓"五音"，就是纷繁的音乐。在古代，乐与舞一体，有音乐，就要有舞者，音有八音，舞有文武，队列有方有圆，名堂很多，为的是区分等级，防止僭越。现在比较简单了，但也有各种靡靡之音和音响设备，特别是耳机，音量大一点，就会导致听力下降。而老是听一类声音，也是“耳聋”，以为世界上就只有这一种声音。听不到真实的声音，更是“耳聋”，被人蒙在鼓里还不自知。

所谓“五味”，就是丰富的饮食，大鱼大肉，生猛海鲜，吃多了就会使人味觉迟钝。我读《资治通鉴》时读到过一个很有意思的点，那就是作者在描述某些宰相生活俭朴时，会说他们每餐只吃三种或五种肉类。乍一看这是个笑话，仔细想想这很难得，毕竟他们掌握着太多的资源，摆出肉山酒海也不是什么难事。

所谓“驰骋畋猎”，就是纵马驰骋围猎。围猎之人，唯恐自己的马跑得慢，唯恐圈住的猎物比别人少，唯恐自己的箭与刀不利。经常打猎，心就会变得狂野难制。

很多人不明白，为什么有那么多人喜欢看《动物世界》，特别是那些大型猛兽猎杀的场面，其实这里面有一种移情作用，有一种代入感，能满足人们的猎杀欲。也就是说，当猎豹起跑的时候，观众的心也在起跑；当狮子撕咬的时候，观众的心也在撕咬；当北极熊大快朵颐的时候，观众也在心里大快朵颐。

我们再来讲讲钓鱼。

我的朋友中有好几位都喜欢钓鱼。其中一位姓王，他不仅自己钓，还老想拉我下水。我说我不去，因为我不想杀生，他说不会杀的，钓上来再放掉，要的就是个乐趣。我打趣他说：“把你的嘴钩一下，再把钩子取出来，你觉得怎么样？”他笑而不答。

另一位朋友姓白，他最初钓鱼的理由是可以改善生活，增加收入。

但他钓来钓去，反倒把自己的家庭毁掉了。他不抽烟，也不喝酒，就是喜欢钓鱼，不管刮风下雨，能钓要去钓，不能钓也要去钓。然而网友们说得好，“有仇不用急，教他学钓鱼”，那些年他总是骑个破摩托车去钓鱼，不断上新的渔具就不提了，重要的是想钓大鱼就得去专业钓场，海钓则差不多赶得上旅游了。动辄上百的钓费对他来说其实是个挺重的负担，因为他的工资算下来一天也才150元。媳妇一开始是劝，接着是吵，后来终于忍不了了，离婚了事。他倒好，彻底放飞了，有时一连几天不回家。有时我也劝他，你这风吹日晒的，消费也高，天天点水煮鱼也够了，何必呢？他只是笑笑，说：“你不懂。”我确实不懂，可能和我喜欢传统文化一个道理吧！

所谓“难得之货”，也就是珍宝与钱财。它们会诱惑人，使人操行变坏。或者说，“难得之货”就是利益，而利益这两个字，一个带着刀（利），一个沾着血（益），正是“难得之祸”的隐喻。

最后要说的是，当我们强调“五色令人盲，五欲令人狂”时，实际上还未触及老子的本意。老子的本意是说，纵欲的人会被欲望遮蔽，失去认识外界、了解自我的智慧。没有智慧了，别的东西还有意义吗？所以有智慧的人会像防贼一样防范它。

冥想破执迷

- 躺在家里的床上，闭上眼，想象自己是一个活在中世纪的老人，躺在一个荒无人烟的破败山村中，床上的自己只是他的幻想。

● 躺在酒店的床上，闭上眼，想象自己是庄周的蝴蝶，只是不小心闯入了别人的梦中，梦终究会醒，而且马上就醒，平平凡凡最现实，普普通通最真实。

● 靠在公司的座椅上，闭上眼，想象你和济公一起躺在南宋的街头晒太阳，你的老板、同事、客户围绕着你们冷嘲热讽，你拿过济公的扇子一扇，一切灰飞烟灭，只剩你自己。

减肥不如减欲，瘦身不如瘦心

牙膏一旦挤出来，就很难挤回去。

肥肉一旦长出来，就很难减下去。

人生有两个悲剧，一个是欲望得不到满足，另一个是欲望得到了满足。

说到减肥，我首先想到的是前同事老黄。

老黄不是一般的胖，具体多少斤我没问过他，但打车的话，他一定是坐后面的。朋友们聚会时，也不免会劝他减减，但他总说“没事儿”“没问题”“咱运动员出身”，结果十年前，一场普通的感冒，就拿下了他的肾，从此他再不能胡吃海喝，每周一、三、五必须透析。

古今中外，都不乏胖人名垂青史。

比如明朝第四位皇帝朱高炽，他是明成祖朱棣的长子，生性仁厚，喜好读书，一个缺点就是身体太胖，以至于行动不便，有人搀着，还跌跌撞撞。朱棣看他这个样子，又看看精通骑射的二儿子，便想废长立幼。幸亏朱高炽的儿子很争气，朱棣看在“好圣孙”的分上，才没废长立幼。但他满打满算，只做了十个月的皇帝就去世了，没管理好自己的身材，也没管理好自己的人生。

伊丽莎白二世则是个反例。她加冕的时候，据说万事俱备，只欠腰细——根本穿不上祖传的加冕服。没办法，她只好暂停加冕，直到三个月后减肥有成，才最终登上了女王宝座。这事要搁在一个没有耐心的国家，腰粗不就误了大事了吗？所以她后来几乎减了一辈子肥，体重常年保持在 96 斤左右。要说减肥有什么心得，其实就是那众所周知的六个字：管住嘴，迈开腿！如果非要再浓缩一下的话，那就把“迈开腿”也去掉，“管住嘴”就行。

但是说到底，管住嘴其实就是管住心，管不住嘴其实就是管不住心，而管住心则远不止控制食欲那么简单。

比如我们都知道，当一个人生气或者焦虑的时候，通常会因为赌气或者为了解压大吃一通，而当一个人悲伤的时候，食欲就会降低，即所谓的“茶饭不思”。

我做咨询的时候就遇到过一位女士，她原本在老家活得岁月静好，但因为贪心和轻信他人，在证券市场上亏掉了上百万元，包括她自己的积蓄与母亲的棺材本，还有她瞒着爱人抵押房子借来的高利贷，最后收获的心得却是：“刘老师你知道吗？一个人要想瘦太容易了，炒股就行！实在不行，就同时炒期货！”

所以我说，修身其实是个系统工程，而控制体重只是其中的一部分。只要你不是胖得太过分，稍微注意一下就行。我不太推崇减肥、瘦身，尤其是特别刻意的那种。因为我认识的很多人，不仅不胖，还很健美，但是根本没法跟他们相处。因为在他们眼里，胖就是耻辱，瘦就是王道，如果你有八块腹肌，就同时掌握了真理与大炮！但当你真瘦了，练出了八块腹肌，他们又会觉得你某些方面没有利用价值，照样不带你玩！

还有一些人，明明就不胖，也拼命减肥。他们倒是能控制自己的食欲，能吃水果就不吃碳水；却控制不了自己的物欲，能买名牌就绝不将就，到头来，不仅管不好自己的人生，还千方百计想要管别人的钱包。

真正减过肥的人都懂，减肥不减欲，根本就没戏，你怎么瘦下来的，就会怎么胖回去。当一个人真正开始修身养性的时候，他也一定会明白，身体其实就是个皮囊，你只要不刻意祸害它就行。

你其实不需要太瘦，你只要不太胖就行。你其实不需要太强，你只要不太弱就行。相对来说，更值得关注的是我们的心。身心是一体的，而且心为身之主，管好自己的心，身体就没有那么多的不适和疾病。

《黄帝内经》中指出：“喜伤心、怒伤肝、恐伤肾、思伤脾、惊伤心胆。”只要你的心不平静，就连喜也是错的。喜，也应该是淡淡的喜悦。所以古人说，凡事要看淡，而“淡”字恰恰是三点水浇两个火——炎症的炎——这是不是在暗示我们，只有真正看淡了，才能消炎？而一个真正看淡了的人，他又能胖到哪里去呢？

减肥三要

● 要少吃

如果你真想减肥，就不要讲“不吃饱怎么有力气减肥”之类的笑话。体重基数大的人，不仅要少吃，还要吃得健康。

- **要运动**

运动量上不去，体重就没法下来。在保证健康与安全的前提下，尽量多运动。

- **要追求**

单纯的减肥并没有多少吸引力，但配合瑜伽的话，减肥就变成了修炼。随着修习的深入，人对自己的要求会越来越高，根本容忍不了自己肥胖。

所有的好运气都藏在自律里

身材好，说明你在饮食上自律。

气质好，说明你在学习上自律。

人缘好，说明你在脾气上自律。

事业好，说明你在能力上自律。

一切都好，说明你觉醒了并且自律。

就事论事，我为什么要写《修养》呢？主要就是我本人确实通过修身受了益，并且受益良多。举个最简单的例子，这两年经济与就业形势大不如前，我身边的很多朋友都直言“钱不好赚了”，我却没有明显的感受，相反我倒觉得自己是一条逆流而上的鱼，运气越来越好，机会越来越多，收入自然也越来越高。

修身、修心，人才会变得越来越好，运气这种东西，其实并不是什么玄学。《黄帝内经》讲五运六气，各种传统经典也讲“天运”“天人合一”等，说到底其实是在讲规律与顺应规律。

什么叫规律？

太阳每天东升西落就是规律。

什么叫顺应规律？

古人日出而作、日落而息就是顺应规律。

那什么叫自律呢?

碰上阴天，没有太阳，照样去做该做的事，就是自律。

恒星为什么永恒?

因为它懂得从内部发光发热。

流星为什么短暂?

因为它直到坠落才想起自己的使命。

古人为什么推崇北极星?

因为从地球上看，它总是如如不动。

康德说："假如我们像动物一样，听从欲望，逃避痛苦，我们并不是真的自由。"

毕达哥拉斯也说："不能约束自己的人，不能称他为自由的人。"我们自律并不是为了让一大堆规章制度来层层地束缚自己，而是为了用自律的行动创造一种井然的秩序，来为我们的学习、生活争取更大的自由。

确实是这样。很多事情没有结果，多年努力收效甚微，说到底是自制力不够、自发力不强。

自律意味着排除干扰，做自己该做的事情，形成自己的节奏。

曾就读科大少年班的张保国，刚入校时只有12岁。当时正是盛夏，又没有空调，酷暑难耐，但他总是把门关得紧紧的，不开门通风。别人问他为什么，他说："开着门的话，总有人到门口张望，会分散注意力；开门通风的话，也会把书吹得乱翻，不能聚精会神。"12岁的孩子，就有这样的意识和意志，难怪人家上少年班。

自律意味着取舍。

阻碍我们自律的最大敌人是时间，在人类本能的无限欲望面前，时间只有那么可怜的一丁点，不足以让我们既要这个，还能获得那个。所以自律就是在包括时间在内的条件允许的前提下，为了目标而取舍。比如下班后是读书练字，还是看剧玩游戏？关灯后是好好休息，还是再玩会儿手机？有闲工夫时是锻炼身体，还是去享口腹之欲？放假了是回家陪陪父母，还是和朋友去旅游？

所谓自律，其实就是在时间的步步紧逼之中，选择一个，然后牺牲另一个。不过，我们牢记一点：牺牲与放弃最大的不同，在于牺牲能为我们日后的人生带来更大的价值，而放弃则不能。当我们真正自律，认可所追求的东西价值超乎一切时，自律不过是水到渠成而已。

自律意味着精进。

影视作品中经常会出现木鱼这种道具，为什么叫木鱼？为什么要敲木鱼？为什么不叫它木猪、木狗、木鸟、木虫？这是因为鱼没有眼皮，睡觉也睁着眼，敲木鱼就是敲打自己，鱼如此清醒，还要不断敲它，我们又怎能不打起精神，勇猛精进？

彭于晏曾说："我就是没有才华，所以才用命拼。"他主演的电影《翻滚吧，阿信》，曾让很多明星望而却步，因为里面有很多高难度的体操动作。为了拍这部戏，彭于晏苦练了八个月，不断挑战自己的体能，终于把自己练成了魔鬼身材兼体操全能。由于他是易胖体质，为了维持最佳的镜头感，这么多年来，他不仅长期坚持锻炼，还严格控制饮食，有十多年不曾吃饱过，也几乎忘了糖是什么滋味。

自律还有很多内涵与外延，有时甚至显得很奇葩。比如，西点军校的校规中有一条："即使身上很痒，也要忍住，不能去挠。"为什么不能挠？因为西点军校培养的是军人，如果一支部队从指挥官到士兵都左摇右摆地挠痒痒，他们能有战斗力吗？

自律三要素

- **热爱**

你觉得自律难的首要因素，就是你不够爱自己。真正爱自己的人，不会满足于当下的安逸，他会努力经营自己，把自己带上理想的巅峰，成为自己想要成为的人。

- **做到**

只有真正做到自律，我们才能体会到自律的好处。越是自律的人，越知道自己想要什么。这是任何人都帮不了的，别人可以教你方法，但不能代替你去做到。

- **持续**

一天两天不叫自律，三天四天容易放弃。付出和回报绝对成正比，努力需要兼具连续性与稳定性，假以时日，自律的人和不自律的人一定能看出差距。

不妄求则心安，不妄做则身安

山高不算高，人心比天高。白水变酒卖，还嫌猪无糟。

福祸无门，惟人自召。一切福田，不离心地。一切灾祸，也不离心地。

有一种说法，认为“妄”字源于残酷的殉葬制度，“妄”字直读，就是用女子陪葬，或者说是陪葬的女子。前者是统治者的妄为，后者是殉葬者的枉死。

这并不是孤证，类似的汉字还有贪婪的“婪”。贪心至极、惨无人道的统治者，不仅生前三宫六院，姬妾无数，死后也想倚红偎翠，永享艳福，于是设立了陪葬制度。“婪”字上面的“林”，就是林地的意思，除了普通意义上的树林外，在汉语中它还有一个意思，就是墓地。比如孔林，就是孔子及其后裔的家族墓地。“林”就是陪葬的地点，“女”就是陪葬的女子，这些女子肯定不愿意，肯定会跑，肯定也会有士兵拦住她们。这就是“婪”字及其发音的由来。

有句话说得好，“贪”字近乎“贫”，“婪”字近乎“焚”，妄念不断、妄行不止的人，本质上都是把自己架在火上烤，都会为自己的欲望殉葬。

个中代表就是商纣王。从史书上看，这个亡国之君，几乎是有史以来最大的妄人。史书上说他“杀圣贤而剖其心，生燔人闻其臭，刳孕妇见其化，斮朝涉之足察其拇，杀梅伯以为醢”， 翻译成白话文就是杀害圣贤把他们的心剖取出来，把人活活烧死来闻他的气味，剖开孕妇的肚子来观看胎儿的发育变化，砍下早上泅水过河的人的脚来看他的大脚趾，杀死梅伯并把他剁成肉酱。如此种种，不胜枚举，用网友们的话说就是，善良限制了我们的想象力。但最后呢？一把大火，自焚而亡。

所以，先哲们又造了“务必”这个词。“务”字，直读就是文化的力量，因为它的上面是个反文，下面是个“力”字；“必”字，则是要把妄心杀死的意思。那有力的一撇，就是人生的大药。明白了这一点，就找到了人生的根本与当务之急。

什么是妄念？冯唐对此做过一个解释。他说：“如果你有一个期望，长年挥之不去，而且需要别人来满足，这个期望就是妄念。”这未必是最准确的解释，却是最适合普通人的解释。

古人说：“不妄求则心安，不妄做则身安。”但是，当妄念已经兵临城下，怎样去除自己的妄念呢？

在西方企业家群体中，有一种比较盛行的方法，说白了就是全神贯注，用我们的话说叫“一念代万念”。也就是无论情况多么混乱，思绪多么嘈杂，你都不要想过去，也不要想未来，就把注意力放在当下。如果做不到，就吃葡萄干，吃前先静坐，静默，然后闭上眼，把一颗葡萄干放到嘴里，用牙齿轻轻咬破表皮，一点点感受它的滋味。那一刻，天地宇宙、万事万物仿佛都不存在了，只剩下一个吃葡萄干的人。吃完之后你会发现，你以前根本不会吃葡萄干，或者说你其实从来没有吃过葡萄干。这就是正念的力量。

《大学》里说：“知止而后有定，定而后能静，静而后能安，安而后能虑，虑而后能得。”妄念多，其实是“静”的环节出了问题。所谓“树欲静而风不止”，心之所以妄动，一是因为外界诱惑太多，二是因为自己总想看看外界有没有机会，也就是没有定力，这样就不能“安”了。反过来说，心不妄动就能安，“安”字直读，就是一个女子安定地坐在室内，读读书，喝喝茶。活在当下，人自然会优雅，家自然会安宁。

如何克制妄念

- **感谢妄念，烦恼即菩提**

人之所以妄念四起，就是因为心里执着的东西太多。比如一个人嫉妒心强，他只要一有时间，脑子里就会想到他所嫉妒的对象。他只要能马上觉察到自己不对，妄念就会越来越弱，直至消失。其他妄念也是如此。

- **守住自己的心**

当你对一件事情心心念念的时候，其他念头其实很难跳出来。所以可以试着以一念代万念，让它占据我们的全部身心，把妄念压下去。

- **无我利他**

所有的妄念都是基于“我”产生的，能破除我执，自然就能破妄念。破除我执最好的办法就是利他，也就是发自内心地、不企求回报地对别人好。

成年人要对自己的相貌负责

想拥有迷人的双唇，请常说善意的言语。

想拥有可爱的双眸，请察看他人的长处。

想拥有苗条的身材，请与饥饿的人分享你的食物。

想拥有美丽的秀发，请让孩子的手指穿过你的发间。

成年人要对自己的相貌负责。美国总统林肯曾说过类似的话。

当时，林肯拒绝了一位才华横溢的应聘者。助手问他为什么，林肯说："我不喜欢他的长相！"助手问："难道一个人长得不好看，也是过错吗？"林肯说："一个人的脸是他的父母决定的，但一个人过了40岁就要对自己的相貌负责。"

"人不可貌相，海水不可斗量。"这是小孩子都明白的道理，林肯又凭什么振振有词呢？其实，我们每个人都有两种相貌，一种是物理相貌，来自先天遗传；另一种是精神相貌，是内心修养的展现。林肯之所以会淘汰那位才华横溢的应聘者，并不是因为他的物理长相如何——林肯本人也不是什么大帅哥，主要是透过对方的精神面貌，看到了他的不足乃至不可靠之处。用我们中国人的话说，这就是所谓的

“相由心生”。

现代人推崇“颜值即正义”，其实古人也相当重视“颜值”。目有重瞳的舜帝、手长过膝的刘备我们就不说了，我们看看一些大学者的观点。

以“横渠四句”著称于史的张载说：“为学大益，在自求变化气质。”

朱熹也说：“人之为学，却是要变化气禀。”

用网友们的话说就是，“重要的是气质”。

曾国藩也认为，读书与修养可以改变气质。

《清史稿》说曾国藩“目三角有棱”，也就是说，他长了一双三角眼。这样一双眼，如果放在一个内心邪恶的人身上，那就是贼眉鼠眼；但放在曾国藩身上，就是一双“三角有棱”、不怒自威、善于识人的慧眼，用《清史稿》的话说就是“每对客，注视移时不语，见者悚然，退则记其优劣，无或爽者”。这种气度和能力，并不是天生的，而是在他立志修身后逐渐养成的。

毕淑敏讲过这样一个故事：

有一次，她去拜访一位整形医生，医生说自己有个习惯，每次手术前都会问一个问题，如果回答不正确，就不会动手术。毕淑敏问：“什么问题？”医生说：“如果你的心是一座山谷，那么请你告诉我，山谷是怎样的景象？”

有的人会说，绿树成荫，泉水潺潺；有的人会说，鸟鸣不绝，百兽出没；有的人会说，阴风惨惨，宛若地狱；还有人会说，毒蛇盘踞，豺狗成群。

“这有什么不同吗？”毕淑敏很困惑，“这和整形有什么关系呢？”

医生说：“整形不是一劳永逸的，那只是一时的效果，需要长期去维护才行。人们整形是为了让自己拥有更美丽的容颜，但是相由心生，再美的皮囊也不可能一成不变，人心的起伏会改变它的纹路。”

确实是这样，人的容貌与他的内心息息相关，内心皱巴巴的，容貌不可能太舒展。你想要好的容颜，你的心境一定要足够明媚才行。也只有心底的明媚，才能滋养出旷日持久的美丽。

有人说，岁月是把杀猪刀，刀刀催人老。但如果我们从心底里放下了屠刀，又何惧岁月的变迁呢？

庄子曾经讲过庖丁解牛的寓言，很多人表面上看懂了，实则不明白其深意。简单来说，庄子是以杀生喻养生，是告诉我们自己的心就像那把庖刀一样，要足够轻薄，才不会与现实世界的各种骨头死磕硬碰，才能够游刃有余地生活。

总之，我们的相貌会出卖我们的心，我们的过往会写在我们的脸上。人生苦短，作为成年人，如果你不能为自己的相貌负责，那么你失去的将不仅仅是自己的容颜，你得到的则必然是种种遗憾。

如何保持年轻

- **规律生活**

例如早睡、早起、不熬夜、饮食规律、拒绝垃圾食品、养成锻炼身体的习惯等。

● **自我减压**

压力会削弱你的免疫力，让你面容憔悴，易受负能量的侵袭。减压的方式因人而异，有效就行，如散步、倾诉、按摩、吃一顿丰盛的大餐等。

● **传统功法**

这也是最重要的一点，实践证明，它们能从根本上重塑人的生命力，包括瑜伽、冥想、站桩、打坐、太极、五禽戏、八段锦等。

良知良能：终极的时间和能量管理

知识就是力量，但良知才是方向。

越是来自根源的东西，越是具有超强的力量。

致良知，复良能，就是终极的时间和能量管理。

时间管理是一个老生常谈的话题，也是修身的一部分。在这方面，古人明显比我们有智慧。他们没有“996”，也不像现代人这样卷，甚至没有像样的时钟，但对于时间的管理和利用，既宏观又具体，还充满智慧。

比如《三国志》记载，魏国人董遇经常教育学生，要好好利用“三余”读书。三余，即“冬者岁之余，夜者日之余，阴雨者时之余”，也就是不要放过冬日、黑夜和那些阴雨连绵的日子。

在此基础上，《幽梦影》的作者张潮又提出了“夏为三余”，即“晨起者，夜之余；夜坐者，昼之余；午睡者，应酬人事之余”，也就是早起锻炼、晚上打坐加午间小睡。这就已经涉及能量管理了。

时间对谁来说都是易耗品，但有没有时间是一回事，有没有能量、在不在状态，则是另一回事。现代人喜欢喊“加油”，这源自汽车拉力赛。

把我们的身体比喻为汽车的话，能量就是汽油。你的车子再好，车手再优秀，也不可能带着空油箱，一路高喊着“加油”上路。反过来说，就像星爷及其搭档在《国产零零漆》中所演绎的那样，你的火焰喷射器再强大，但你的燃料被猪队友拿去煮泡面浪费掉了，你也就只有任人宰割的分了。

我们不是没有能量，我们只是习惯于主动或被动地浪费能量。如果你总是觉得又忙又累，精疲力竭又收效甚微，那说明你的时间管理和能量管理都没做好。

雷义是一个很好的案例，他是曾经的空客销售总监，是波音连换8位销售总监也赢不了的人。数据显示，雷义担任空客销售总监长达23年，期间他和他的团队平均每天能卖出两架飞机。他是如何做到的呢？用雷义的话说，“卖产品就是卖自己”，就是卖状态、卖感染力，没有人愿意和一个萎靡不振、无精打采的人谈生意。为了保持最佳状态，他从不喝酒，饮食也以清淡为主，并且每天健身1小时。拜访客户前，他会在飞机上适度补觉，下飞机后，还要做20分钟的有氧运动，之后才会去见客户。

是不是同时做好时间管理和能量管理，就可以万事大吉了？当然不是。那样的话，我们就没必要强调修身了。换句话说，终极的时间管理和能量管理，藏在修身里。

看过《星球大战》的人都知道一个科幻概念——原力。它是一种超自然而又无比强大的力量，因为它是生命能量的来源。掌握了原力，就能轻松击败那些看似很强大的敌人。

孟子强调的“良知良能”，就类似于这种原力。他说：“人之所不学而能者，其良能也；所不虑而知者，其良知也。”意思就是说，良知良能就是那些人人都知道也能做到的东西，比如孝敬父母、友爱兄弟、关心他人、爱护弱小。这与原力一样，都是来自根源的东西，所以也具有超强的力量。用孟子的话来说，发扬良知良能，天下也可以“运于掌”。

以稻盛和夫为例，他创建过两家世界500强企业，并在晚年力挽狂澜，使濒临破产的日本航空起死回生，创造了企业界的奇迹。他是怎么做到的呢？他本人认为，是发现并践行了“原理原则”。

他在《活法》中写道：“所谓原理原则，用极其单纯的一句话表达，就是‘作为人，何谓正确？’”“要正直，不撒谎，不贪婪，不给人添乱，待人要亲切……这些在孩童时代父母和老师就教导我们的、作为人应当遵守的基本原则，就是我们在人生历程中理所当然的规范——遵循这一原则去经营企业就行了。”

其实，“原理原则”不就是“良知良能”的变式吗？当你能把这些人人都知道、自己也能做到的东西切实做到时，人们会自然而然地接纳你、选择你、支持你、拥护你，你相当于同时拥有了无数人的时间与能量，还有比这更终极的时间管理与能量管理吗？所以，当你又忙又累又没效果时，不妨想想孟子的话和稻盛和夫的例子。

● 每晚有充足的睡眠吗?

不管是熬夜学习，还是熬夜玩耍，都是百害而无一利的行为。尽量不要熬夜，这与能量管理规律不符，也与生物规律不符，我们毕竟是夜伏昼出的生物。

● 营养合理均衡吗?

饮食是我们的能量源，加强营养很重要，均衡营养更重要。在食物供应充足的情况下，最纯净的水最具能量，所以不要喝任何饮料。

● 经常运动吗?

生命在于运动，除非你处在特殊时期，否则每天最少应该拿出 40 分钟来锻炼身体。每天运动，养成习惯，能量和效率都会提升。

● 每周休息吗?

上帝创造万物也只工作了六天，第七天用来休息。人也至少应该一周休息一天。休息就好好休息，什么事儿也不要做。

● 晚上工作吗?

晚上就是休息的时间，如果总是需要加班，而你的能力并不差，那就要考虑换份工作了，有的工作是没有止境的，也是没有前途的。

健康是一种能力，也是一种责任

人生有三件事不能等：孝顺父母不能等，教育子女不能等，身体健康不能等。

健康有六个不能：不能饿了才吃，不能渴了才喝，不能困了才睡，不能累了才休息，不能病了才检查，不能晚了才后悔。

俗话说：“没啥别没钱，有啥别有病。”如果一个人既健康又有钱，而他又不是个杠精，那他基本上就是个幸福的人。反过来说，一个人既没钱，又有病，甚至是那种有钱也治不好的病，那他就是不幸的。

修身从本质上说，就是为了身心健康加生活富足。如果不可兼得，起码要做到健康。这不仅是为了我们自己，也是为了我们的爱人、子女、父母。你好，他们才能好。健康的你，才能撑起一个有希望的家。

孔子够达观了吧？颜回够淡泊了吧？但是颜回死时，孔子悲呼：“老天这是想要我的命啊！”人死如灯灭，圣人也徒呼奈何。不仅如此，还害得他那白发人送黑发人的老爸向孔子求告：“老师，能否把您的马车卖掉，给颜回凑一副椁？”

这些年的生活经历告诉我，几乎每个大家庭，都有一个命运的“弃儿”。

以我们家族中的一位三姐为例，她年轻时真是像鲜花一样，明媚芬芳。嫁人后，跟着三姐夫辗转四方，到处打工。始终没挣到钱也就罢了，岁月催人老也就罢了，三姐夫突然得了急症，努力治也没治好，最终撒手人寰，只留下几间危房和两个女儿，老二还在襁褓中。孩子需要供养，三姐的能力也不强，只能往前走一步——再嫁。再嫁的对象自然是“门当户对”的那种，不可能太优秀。所以再嫁也带来了一堆问题，既有生存问题，也有感情问题，还有伦理问题。于是一嫁再嫁，前不久又因为种种原因离了婚，再一次待嫁。无解的生活堆积在她的脸上，除了麻木的苦笑，只剩下灰暗了。

任何一个家庭的任何一个成员突然离去，人们都接受不了，更何况是家庭的顶梁柱。但我说过，健康的人都不太关注健康，关注健康的人也没几个认同健康跟修身、修心有什么关系。当你尝试着跟人们聊天时，能耐心跟你聊几句的人都很少。更多的人在更多的时候，会把你当作一个妄人。我的三姐夫就是那样。你跟他聊不了几句，他一定会说“当浮一大白”，然后你就必须跟他喝点儿，而且必须喝到脸红脖子粗、大醉特醉才行。他不是不懂道理，有时甚至像一个哲学家。比如他说，人有时候还不如一个酒瓶子有定力，因为一斤白酒装在酒瓶子里它纹丝不动，装在人肚子里人却不知道自己姓什么了。话虽如此，三姐每次夺他的酒杯时，他都会一边护着，一边嚷嚷：“斯杀汉怎能不饮酒！”他是幽默的，甚至是达观的。他死了是一种解脱，但妻子拖着两个孩子如何谋生，他恐怕没想过。

死是命运的彻底消亡，生病则是老天对一个人生活习惯的惩罚。不信你去看，得气管炎的，要么爱抽烟，要么爱吃生冷食物；患高血压的，不是爱喝酒，就是常吃油腻、高盐的食物；肠胃不好的，要么不吃早饭，要么吃东西狼吞虎咽。

再往深层次里说，不正确的心理与不稳定的情绪也是健康的“杀手”。通常得乳腺增生的人都爱生气，并且认为别人心胸狭隘；如果人总是想不通，那么心脑血管也容易不通……很多健康问题，从根源上说都是自己的修养不够，只能靠自己，也必须靠自己解决，再好的心理医生，也只是来帮忙的。

十二时辰养生概要

- **子时养胆**

子时为 23 点至次日 1 点，胆经最旺。胆分泌胆汁，“胆有多清，脑就有多清”，所以我们要早点睡觉，因为只有睡着了，胆经才能正常运转。子时也是心脏病的高发时段，因为子为水，心为火，水克火，所以心脏病患者临睡前要备好救心丸。

- **丑时养肝**

丑时为 1 点至 3 点，肝经最旺。常言道，“肝胆相照”，故胆经过后就是肝经。肝脏是解毒器官，丑时还不睡，肝脏就不能有效排毒，对肝脏以及人体的伤害就会很大。由于肝经循环在面部，此时不睡还会使人面部晦暗、长斑，变丑。

● **寅时养肺**

寅时为 3 点至 5 点，肺经最旺。由于“肺朝百脉”，患肺病的人这个时间点会因为肺部不舒服醒过来。此时服药的话，效果会比白天好。也可以喝杯温水，去除肺燥。肺又主肃降，所以就算很能熬夜的人，到 3 点以后基本也扛不住了。

● **卯时养大肠**

卯时为 5 点至 7 点，大肠经最旺。这个时候来一杯温水，有助于通便。此时也应该通便，把晚上积攒的废物都排出体外。此时肾经最弱，因为卯酉相冲，所以最好不要有性生活。

● **辰时养胃**

辰时为 7 点至 9 点，胃经最旺。此时最适合吃早餐，不吃的话，胃就会一直分泌胃酸，饿久了就有可能导致胃溃疡、胃炎等。此时胆汁也开始分泌，如果不吃早餐，胆汁就派不上用场，只能待在胆囊里，时间长了就可能形成胆结石。

● **巳时养脾**

巳时为 9 点至 11 点，脾经最旺。长期不吃早餐，会造成脾虚，而脾虚的人一般在巳时容易犯困，这是因为脾主升，脾气虚，人就精神不起来。脾还主运化统血，所以此时要喝水，尽量多喝一点，以便开启整个白天的水循环。

● **午时养心**

午时为 11 点至 13 点，心经最旺。心脏是不知疲倦的发动机，但它的时段，尽量让它午休一下，好让心血得到充分补给。

另外，静心才能养心，午时尽量不要运动，更不宜流汗，因为“汗为心之液”。

- **未时养小肠**

未时为 13 点至 15 点，小肠经最旺。小肠主要负责吸收营养，然后将其运输到身体的其他部位，供养能量，并排除残渣。所以中午一定要把午餐吃好。

- **申时养膀胱**

申时为 15 点至 17 点，膀胱经最旺。此时小肠已完成营养的吸收与输送，膀胱要开始分离津液，然后排出尿液，所以此时最好不要憋尿。

- **酉时养肾**

酉时为 17 点至 19 点，肾经最旺。此时宜过夫妻生活，但也要节制。另外，肾主藏精，除了先天之精，还有后天之精，即脾脏运化来的水谷精微，所以脾虚的人一定肾虚，而脾虚是不吃早餐造成的，所以为了脾，也为了肾，一定要吃早餐！

- **戌时养心包**

戌时为 19 点至 21 点，心包经最旺。心包经主要负责保护我们的心脏，在它当令的时间段，适宜散步，以增强我们的心脏功能。

- **亥时养三焦**

亥时为 21 点至 23 点，三焦经最旺。三焦是最大的腑，通百脉，主诸气。如果能在亥时进入睡眠，百脉就可以休养生息，对身体十分有益。

第三章 修心

此心光明，万事可成

你心光明，世界就不黑暗

你有良知，世界便不会沉沦；你有尊严，世界就能够挺起脊梁。

世界既不光明，也不黑暗。光明和黑暗的，都是人心。

在光芒万丈之前，每个人都要接受眼下的不易和难堪。

“又来劳改啦！”

——每个周一，我的朋友老李都会在微信里这么调侃一句。一开始，我以为他只是单纯地调侃。时间久了才发现，他不仅是开玩笑，也是发自内心地不喜欢上班。

有愿望就满足。这不，赶上裁员，老李连续失业了15个月。直到前不久，他才重返职场。上班后的第一个周一，他照例又给我发来了久违的信息：“又来劳改啦！”

我非常理解他，因为有选择的话，没有多少人喜欢上班。但他不理解我，所以我也很少跟他谈“那些没用的上班的意义的大道理”。

老子说，“吾所以有大患者，为吾有身”，为了养活这具物质的身体，也为了防患于未然，我们又不得不委屈这具身体，每天工作8小时，甚至动辄“996”，这真是讽刺。

但我们又离不开这具身体，恰如我们离不开工作。而且每个人都有自己的困境，不困在忙碌中，或许会困在空虚里；不困在贫穷中，或许会困在情爱里、疾病中……

现实是残酷的，但罗曼·罗兰说过："世界上只有一种英雄主义，那就是在看清生活的真相之后，依然热爱生活。"

丰子恺则说："你若爱，生活哪里都可爱；你若恨，生活哪里都可恨；你若感恩，处处可感恩；你若成长，事事可成长。"生活的本质其实都差不多，全看你怎么理解。

梁启超也说过："冬天晒太阳是很舒服的一件事，但你自己得先站到太阳底下。"在这个崭新的时代，我们依然要开眼看世界。这个世界永远都需要阳光，永远都需要烛火，永远都需要把自己照亮、也把世界点亮的人。

我们来看一个能让我们倒着成长的小故事：

在一档电视节目中，主持人问一个小女孩："如果你驾驶的飞机没有油了，飞机上有好多乘客，其中包括你的亲戚，但只有一个降落伞，你会给谁用？"

小女孩不假思索地说："我会安排好乘客，让他们冷静下来，然后我就会用降落伞跳下去。"

观众有的摇头，有的哄笑，笑这个小女孩不懂事。

小女孩急了："我……我还会回来的，我只不过是去取点油！"

张果老为什么倒骑驴？布袋和尚为什么倒栽秧？就是为了让自己倒着成长，回到最初的状态；就是因为他们发现成长与成熟的过程，基本上就是被各种思想污染的过程。而所谓君子，在成人的世界里很多时候就是一些长不大的人。所以老子说："含德之厚，比于赤子。"

孟子曰："大人者，不失其赤子之心者也。"修心的第一要旨，其实就是像婴儿那样，用纯真的眼看外界，用纯善的心观自身。

你心光明，世界就不黑暗。

你黑暗，世界则少了一颗光明的心。

四步修出光明心

● 旁观

在安静的时候，通常是晚上入睡前，可以回想自己一天内做的事，越细致越好。把自己当成旁观者，对做的事不予评价，就是静静地在脑海中回想这些画面，像看电影一样。

● 他观

找人监督我们，事无巨细地指出我们的不足，越挑剔越好。最好找一个诤友，也可以同时找几个人，比如童真的幼儿、老辣的长者、高明的同修等。

● 自观

主要是在待人、接物、应事的时候，体察自己的念头。这种念头是从哪里来的？为什么会这么想？应该怎么想？等等。把这些事想通了，境界就会提升一大截。

● 止观

这里有两层意思：第一，能够觉察并压制住不好的念头；第二，与那些高山仰止的古圣先贤作比较，知不足而奋进，望远山而力行。当你做到这一步时，修出的已不仅仅是光明心了。

一个“私”字，害尽天下苍生

一个太爱自己的人，往往是灭亡自己的人。

两个太爱自己的人，往往是没法厮守的人。

自私的人，实质上是不爱自己的人。

“私”这个字，可将它拆分成“禾”“厶”来看，“禾”的意思是植物，“厶”的意思是“自我环绕”，故“私”的意思是“以自我为中心”，这也是自私者的惯常表现。

私心重，就是我执重，也就是过于自我。而“我”，本义是一种兵器，曾侯乙墓中就出土过这样一件“我”，大体类似于三叉戟的样子。换句话说，“我”就是人手持兵器的样子，充满杀气。所以修心的人，首先要把“私”字从心中驱逐出去，因为这种杀气害人害己，也害尽了天下苍生。

心理学中有一种“人”和“入”效应，简单来说就是当你让一个人用双手的食指摆一个“人”字时，大部分人都会以自己的视角摆“人”字，但在你看来，他摆的实际是一个“入”字。所以，人越是自我、自私，离正确答案也就越远。

应该说，完全意义上的“私”与“无私”都是不存在的，有与无是辩证关系。以《西游记》中的唐僧为例，他去西天取经，为的是众生，还是自己？都有。能够把自身利益与众生利益结合起来，已经很难得了。而真正自私的人，别说众生，就是亲生子女，生身父母，算计起来也毫不含糊。一个家庭一旦出现一个这样自私的人，那就是灾难。反过来说，那些幸福的家庭，也一定会有一个或多个家庭成员在长期牺牲自我，默默付出。

当然，个人与家庭都只是社会中的一滴水。但如果整条河都被污染了，又有哪一滴水能独善其身呢？

我们来看一个国外的例子：

越战结束后，一个美国士兵在回家前，给父母打了个电话："爸，妈，我要回家了！但我想请你们帮个忙，我能否带我的一位朋友回家？"

父母回答道："当然可以，我们很乐意见到他。"

"但是，"儿子有点儿为难地说，"我必须提前告诉你们，他在战争中受了伤，失去了一只胳膊和一条腿。他无处可去，我希望他能到我们家，跟我们一起生活。"

父母委婉地说："噢，真遗憾，也许我们可以帮他另找一个地方。"

儿子坚持："不，我希望他和我们住一起。"

父亲在电话那头说："是这样，我的孩子，你不知道这样一个人会给我们带来多大的负担，我们不能让这种事干扰我们的生活。我想你还是赶快回家吧，你的朋友自己会找到出路的。"

儿子没有再坚持，一声不响地挂了电话。

几天后，父母接到电话，被告知他们的儿子从高楼上坠地而亡，警察局认为他是自杀。悲痛欲绝的父母赶往太平间，在那里他们惊愕地发现自己的儿子只有一只胳膊和一条腿。

这是一个极端的案例，但也很有说服力。所谓战争，不就是我执的极端化吗？国与国之间的战争，人与人之间的矛盾，不都是因为私心作祟吗？私心不去，人类就走不出人性的囚徒困境，想要独善其身也就难上加难了。

对大部分人来说，“修心”实质上就是“修掉私心”。化私心为公心，不仅是一种境界，也是现实需要。荀子曾经说过，人的力气没有牛大，速度没有马快，但牛马为什么能为人所用？因为“人能群，彼不能群”，也就是人会合作。从这一点上说，人不愧为万物之灵。

老子也说：“天长地久……非以其无私耶？故能成其私。”又说：“圣人常无心，以百姓心为心。”无心就是无我，无我就是无私。所谓“无心插柳柳成荫”，无心不是完全不用心，而是没有坏心，没有私心，没有执着心，这样的人，符合天道，老天自然会嘉奖他。而那些一再“有心栽花花不开”的人，则要学会换位思考，有些人、有些事、有些坎总也过不去，那就先推倒自己——不失者不得，不舍者不得，不修者不得。

三步驱逐自私心

• 反本能

当出现问题时，人几乎会瞬时凭直觉做出判断。所以在做判断前，你可以试着告诉自己：“好，现在开始思考了，不要让本能参与，也不要让大脑参与，让良知参与！”

- **搁置自我**

保护自己是人的本能，自私就是具体表现。但自私也会伤害我们，利他才能更好地成就我们，所以在下结论之前，可以试着反问自己：“且慢！我这是自私的，还是利他的？我这是在保护自己，还是在伤害自己？”圣人无私有天下，我们得把自我搁置起来，重新考虑！

- **认清真我**

“自私”的代名词，就是“为自己考虑”。但“自己”是什么？是躯壳吗？显然不是。那是意识吗？也不全是。绝大多数人其实都是被躯壳和意识中的欲望所驱使，具体说来就是被耳目口鼻和身体四肢的嗜欲所支配。它们都不是真我，而自私无异于让它们替真我做决定，这岂不是为他人作嫁衣？完全没必要嘛！

所谓人格，就是私心所占的比例

金有一分铜铁之杂，则不精；德有一毫人伪之杂，则不纯矣。

一个人不可能没有人格，即使是反社会人格，也是人格，而不是没有人格。

歌德说：“只有伟大的人格，才有伟大的风格。”

雨果说：“丧失人格的诗人比没有诗才而硬要写诗的人更可鄙，更低劣，更有罪。”

老百姓也常说，某某人格如何如何。那么人格究竟是什么呢？

按照稻盛和夫的说法：人格就是私心所占的比例。

简单来说，一个人的私心所占的比例越大，他的人格就越低下。相反，一个人的私心所占的比例越小，他的德行就越是充足。

《庄子》内七篇中的《德充符》，就是一篇很有针对性的文章。所谓“德充符”，就是道德充满并表现于外。为了说明德的重要性，庄子一连举了很多身残志坚但修道有成之人，包括我们后面会提到的王骀、叔山无趾、哀骀它、申徒嘉，也包括本书没有提及的，以及一些根本没有名字，但身体极为不正常的高人。其目的就是直指人心，告诉世人，要更加注重内在的那个我有没有德，而不是外在身体的健全与残缺。

庄子还借孔子之口，讲了一则寓言故事，大意是说，孔子出使楚国，曾看见一群小猪在吮吸刚死去的母猪的乳汁，不一会儿，它们又惊惶地丢弃母猪，四散跑开了。为什么呢？因为小猪爱它们的母亲，不是爱它的形体，而是爱支配那个形体的精神。用人类的话说，那个精神就是母爱。

推而广之，如果母爱不存在，或者母爱太狭隘，再或者是那种占有式的、密不透风式的母爱，母爱就非但不伟大，相反还自私且霸道。这样的母亲培养出来的孩子，多半也自私且霸道。

美国普林斯顿大学的康毅滨教授写过一篇文章，叫《中国学生的功利心妨碍了他们的长远发展》。他所说的“中国学生”，绝大部分是来自清华、北大级别高校的尖子生，但有些学生进入普林斯顿后，会把实验看作“计件劳动”，急于求成；还有些学生看到项目成员发表论文就闷闷不乐，似乎别人的成功就意味着自己的失败；更有甚者，有些学生项目八字还没一撇，就想“分家”，好算作自己一个人的成果……

康教授还提及，自己在回福建老家探亲时，连着陪父亲和侄子爬了十多天山。在此期间，读五年级的侄子告诉他，在他们学校，老师会让每个学生在班上找一个对手。每次考试过后，赢了的同学就受表扬，输了的同学就挨批评。在这样的氛围中，侄子对竞争的理解就很狭隘，认为把别人踩在脚下就是胜利，把别人压下去就是成功。这样一来，班上学习好的同学也不大愿意花时间帮助成绩不好的同学。而且这种“激励”方式随处可见，几乎从幼儿园阶段就有了。我的一位做家教的朋友对此也深有体会。

有一次，他对自己辅导的一个学生说，能否介绍几个你的同学过来？你们共同进步，我也多点儿收入，还能给你减免点儿学费。结果那位“毫无心机”的学生回答得很有心机：“老师你教得是挺好，但正因为你教得好，我才一定不能让我的同学知道，不然他们的成绩就会超过我了！你也不用减学费，我们家有钱！我爸说了，他挣钱就是给我花的！”

这样的学生，将来恐怕会成为那种精致的利己主义者吧！所以我很早就认识到，每个家庭都应该给孩子补上几堂修养课，相对于他们的文化分来说，他们的人格分更加欠缺，更需要补上来。

毋庸置疑，人性本私，但亚里士多德说过，“人类是社会性的生物，只有在寻求他人和自身的幸福时，才能蓬勃发展”，按照这个逻辑，想要真正爱自己，就要学会抑制自己的自私。哲学家兼小说家艾莉丝·默多克则进一步指出，“克服人类自私的唯一正确解决方案是爱，或者至少说，是某种特定的爱”。在她看来，自私并不是指拿走最后一块蛋糕这样的小事，它是指看待世界的方式，即将自己视为主角，而将他人视为配角。想想看，那些私心很重的人，是不是这样呢？

极度自私的定义

- 缺乏同理心，不理解别人，只理解自己、可怜自己、心疼自己。
- 对别人没有任何信任感，而且过分多疑，动辄猜疑。
- 对别人虚情假意，表面彬彬有礼，实则虚伪善变。

破山中贼易，破心中贼难

岁月可以偷走青春，时间可以偷走初心，嗜欲可以偷走本真。

洗净心中尘，常扫身上灰；灭却心头火，严防灯下黑。

坐中静，破焦虑之贼；舍中得，破欲望之贼；事上练，破犹豫之贼。

三贼皆破，万事可成。

“破山中贼易，破心中贼难”，这是王阳明的金句。

山中贼，并不仅仅指山中的贼寇，还包括一切外在的敌人和障碍，比如战争、灾害、疾病、贫穷、压迫、歧视等，这些都是现实的困难，需要人们用勇气和智慧去破除。在王阳明看来，山中贼都是有形的敌人，再强大也有弱点，所以不足为惧。

心中贼，如果不较真的话，可以泛指所有的人性弱点。由于它们是无形的，并且躲在我们心里的阴暗面，非外力可以克服，必须有高明的修心功夫才行，所以难以破除。

我们再来看看“贼”这个字。“贼”是个会意字，原由“人”“戈”“贝”组成，表示人持戈击贝，戈是武器，贝是财物，击以占有。综合来看，此贼还不是小偷小摸的毛贼，而是个杀人越货的大盗。有意思的是，人们今天所说的大盗的“盗”字，在甲骨文中反倒是一个人在别人的锅里流口涎的形象，也就是小偷小摸的意思。

换句话说，王阳明所说的“心中贼”，也不能简单理解成那些不入流的小贼，比如某些学者认为的“名、利、权、色”四贼。尽管它们确实是一般人难以逾越的心魔，是很大的考验，但王阳明如果还处在这个层次，岂不与常人一样了？

比如，王阳明在《传习录》中这样说过：“人生大病，只是一‘傲’字。”有人会说，不就是一个“傲”字吗？有那么严重吗？其实“傲”字只是表面，其实质是“灯下黑之贼”。换句话说，世人总是举着明灯，把别人照得通明，总是想破别人心中的贼，而自己心中的贼，则隐藏在自我感觉良好的明灯之下，与自己那些光明的品质糅合在一起，难分难解。破心中贼，非得砸掉这盏明灯不可。

英国有个流传甚广的故事，它可以从侧面给我们一些启示：

有个绰号“攀比先生”的人非常优秀，有豪车也有豪宅，有公司也有遗产，但50岁时还未娶妻。这是为什么呢？其实他年轻时有过一段恋情，与恋人的关系还很融洽。但镇上有个独身的人讥笑他说：“虽然你什么都很强，但你没能力像我一样单身一辈子。”“攀比先生”一怒之下，赶走了自己的女友，并宣称自己一定会单身一辈子。

“攀比先生”只活到了60岁，因为一位长者随口说，自己一定会比他先离世，结果“攀比先生”再次攀比心作祟，竟服用安眠药自尽了！临死前，他还给那位长者留下一张字条：“我比你先走了吧！”

以往说到攀比心，人们总是会说，不会比就不要比，与其向上比，不如向下比，并说什么“回头看看推车汉，比上不足比下有余”。或者说，与其跟别人比，不如跟自己比，等等。“攀比先生”的故事则告诫我们，怎么比都是比，跟自己较劲也是较劲，都是心中贼，五十步笑百步而已。

如何破除心中贼

● **心上修**

人生在世，诸多愁苦，都源于心境。我们可以每天抽出一点儿时间来静坐，并在静坐的同时反思自身，通过身心结合，消除心中的妄念，培养心中的光明。

● **事上练**

结合静坐与反省，在每天的工作与生活中，在待人、接物、应事的过程中，磨炼自己的心志，实践自己的良知。

● **致良知**

“心上修”代表静，“事上练”代表动，“致良知”是动静结合。心里要不断探寻良知，行事要时刻遵循良知，才能知行合一致良知。

没几个人敢跟自己的良心对话

不做亏心事，不怕鬼叫门；不说昧心话，不怕多心人。

人能克己身无患，事不欺心睡自安。

帮过你的人不能忘，忘了让人寒心；疼过你的人不能断，断了让人伤心；暖过你的人不能远，远了让人痛心。

什么叫“良心”？

程颐认为，良心就是道心，道心与人心相对应，二者还是对立的。他的哥哥程颢也有类似的说法。

换句话说，“良心”的标准很高，大众所拥有的，不过是基本的“人心”。也正因为良心的标准很高，社会上才会有那么多无良之人，我们也才敢说“没几个人敢跟自己的良心对话”。

《尚书》有言：“人心惟危，道心惟微，惟精惟一，允执厥中。”这是儒家的修心要诀。说白了就是儒家认为，人心危险难安，道心微妙难明，必须精心体察、专心持守，坚持真理与正确路线。

对普通人来说，良心就是扎根在我们心底的良知，是我们做人的准则与底线。“良”这个字也很能说明问题。它的本义是商朝人住的半地下房屋的采光通风口，光线照射进来，屋里就显得亮，亮即“良”。同理，光明照进内心，就是良心。而且“良”是“艮”上有一点，艮的本义是止，引申为底线，综合来说就是，哪怕还有一点儿底线，都可以称作“良”。

网上有这样一个小案例：

李老板加盟了一家连锁店，由于“物美”价廉，所以生意很好。所谓“物美”，就是说菜品里的肉很多。价廉，是指这样一份肉很多的外卖，仅卖10元左右。10元钱里面有多少是成本呢？算上配送费与包装费，一份外卖的整体成本不超过6元。菜品的操作也很简单，只要把相应的料理包连同塑料袋放入开水中烫煮，开袋即可上菜。

但李老板最终选择了举报自己，因为这些菜他自己和员工都不吃，良心上也有两个担心：食品连同塑料袋加热，会不会产生致癌物质；有肉有菜的料理包价格如此低廉，食品安全是否过关？

《聊斋志异》有一个经典语录，叫“有心为善，虽善不赏；无心为恶，虽恶不罚”。这位李老板虽然有错在先——毕竟也卖了一段时间的劣质外卖，却是少数敢跟自己的良心对话的人。这样的人，不一定能大富大贵，但一定能问心无愧。

有人说，问心无愧有什么用？其实有大用。别的不说，一个人要想睡眠好，首先就得问心无愧。如果你做人做事问心无愧，倒头就睡，这是上天对你的奖赏。但是如果你做了一些愧对良心的事，那么你的良心会受到谴责。当你想睡觉的时候，心底总有个声音冒出来，反复提醒你做错了事，让你心神不宁，这就是在惩罚你。

心神不宁时，你的身体也不可能好。当你的心不在、不安、不宁的时候，你的身体也会受影响。因为心为身之主，主宰不在，只剩下一些负责摄入和排泄的器官，有什么用?

所谓“男戴观音女戴佛”，很多人喜欢戴一些有吉祥寓意的配饰，做生意的人还喜欢“请”个保护神，比如关公。其实良心才是我们真正的守护神。作为一个人，首要之事就是跟自己的良心处好，不要内乱。当你违背了自己的良心，你的整个身心都会掉层次，做什么事都不会灵光。你可能平时不信“善有善报，恶有恶报”的古训，但真遇到紧急情况时一定会惴惴不安。所以在面临选择时，我们一定要慎之又慎。

如何应对良心不安

● **和解**

当我们无意中做了一些错事，伤害了别人，自己也很不安时，我们一定要勇于面对这种不安的情绪。如果对方在世，我们找到对方也不太难，那就尽早找到对方，承认错误，诚挚地道歉。即便对方不肯原谅我们，我们也能解开心结。

● **观想**

如果对方已经不在世，或者离得太远，再或者完全不知道对方在哪里，我们可以通过观想，把对方观想到自己身边，主动认错，真诚道歉。当你把歉意表达出来，自己的心结也就解开了，不安的情绪也就释放掉了。

心静了，这个世界就静了

士有三不斗：不与君子斗名，不与小人斗利，不与天地斗巧。

普通人有三不争：不与上级争锋，不与同级争宠，不与下级争功。

静中藏了一个“争”字，稳中藏了一个“急”字，忙中藏了一个“亡”字。越是要争，越是要静；越是着急，越是要稳；越是忙碌，越是要照顾好自己。

很多患心脏病的人，会习惯性地紧闭门窗，因为他们的心脏不好，怕吵闹。对常人来说很正常的声响，也会让他们心慌、心悸、心神不宁。我认识的一位老人，由于怕叫卖声吵到自己，特意在门外贴了张字条：“严禁叫卖，里面有心脏病人！”但就算是天底下最有素质的小贩，叫卖前也不可能把类似情况先排查一遍。尽管他是个病人，也没权利要求所有人都适应他，所以效果并不理想。

这是一个喧嚣的时代，但世界从来不会对一个心静的人喧嚣。就拿叫卖声来说吧，有人听了心里闹腾，有人还觉得挺悠扬。

关键是心静。心静就是心境，心境就是“修心的境界”。

再看“静”这个字，左边的“青”字，对应东方与春天，引申为美好，右边则是一个“争”字，引申为丑恶。而修心的目的，简单来说就是把心中的丑恶转化为美好，不然的话，人是静不下来的。

帕瓦罗蒂就有过这方面的经历。

有一次，他应邀去法国参加一场演唱会，下榻在剧院附近的一个小旅馆。

为了不影响第二天的演出，他早早地就上床了。谁知他刚刚睡下，便被隔壁婴儿的哭闹声吵醒了。他以为小家伙哭一会儿就会停，谁知一个多小时过去了，婴儿还是哭个没完。

最终，他忍耐到了极限，于是握紧拳头，准备砸墙抗议。但就在拳头触及墙面之前，他突然想到："这小家伙怎么能哭这么久？已经哭了一个多小时了，声音还像刚开始那样洪亮！"想到这，他怒气全消，转而躺在床上仔细静听，结果他发现小家伙是个天才，每次快哭到临界点时，小家伙就会把声音"拉"回来，这样哭声便不会破裂，声带也不会嘶哑。而且帕瓦罗蒂听出，小家伙并不是用喉咙发音，而是用丹田，因此他长时间啼哭，却一点儿也不气喘。想到这，帕瓦罗蒂非常兴奋，当即试着像那个婴儿一样，用丹田发音，并在唱到最高点前"拉"回来，保持声音的洪亮与完整。一试之下，效果非常的好。

反正也睡不着了，他便就着婴儿的哭声，练习了小半个晚上。第二天，他全新的唱功征服了所有听众。

老子曾言："终日号而不嗄，和之至也。"帕瓦罗蒂的歌唱心得则进一步告诉我们，人要学会收回自己的能量，不能一睁眼就把自己使用到极限，让自己身心俱疲，气不和也不顺，心不静也不安。

经常听见有人说，想找一个清静的去处，让自己静静。"世界那么大，我想去看看"的辞职信也一度火爆全网，很多商家则趁机打出了“逃离城市，回归自然”的招牌……但是我们知道，我们迟早还要回来，成堆的文件，烦人的应酬依然故我，无法突破的瓶颈与无法改变的现实也依然故我，甚至于摆在面前的首要任务，很可能还是先找一份工作，解决温饱，同时还要还旅游欠下的分期贷。

所以说，我们想要的“清静的去处”只能向自己的内心求。如果我们的心不能真正静下来，即使去深山老林，照样是纷扰不断。真正的静，是心底的超越，而不是形式上的远离。

静心的三大好处

- **缓解压力**

每天坚持静坐，有助于释放焦虑、烦躁、不安等不良情绪，使内在平静、喜悦、安详。十几分钟的静坐，就能使紧张的情绪得到舒缓，使烦躁的心情趋于平静。

- **改变气质**

每天坚持静心，可以使一个人的气质变得沉静，这种气质是身心平衡的产物。内心越柔和，身体越纯净。情绪越稳定，气质越美好。

- **防病抗老**

心不静，遇事不是马上爆发，就是硬生生地憋气。无论哪种情况，都对健康不利。坚持静心，不仅有助于待人、接物、应事和身心健康，而且会使心态变得松弛，有助于恢复生命活力，预防疾病，延缓衰老。

一个人的福田就在方寸之间

恶莫大于纵己之欲，善莫大于律己之心。

悯济人穷，虽分文升合，亦是福田；乐与人善，即只字片语，皆为良药。

积书以遗子孙，子孙未必能读；积金以遗子孙，子孙未必能守；积德以遗子孙，子孙方能长久。

古人云：“一切福田，不离方寸。”福田即福报，方寸即内心，一个人的人生境遇，很大程度上取决于他的内心境界。

看过《西游记》的人都知道，孙悟空的本事，都是从菩提祖师那里学到的。菩提祖师的洞府，就在灵台方寸山，名叫“斜月三星洞”。灵台方寸山也好，斜月三星洞也罢，其实都是字谜，相信大家也都知道了，字谜的谜底就是一个“心”字。灵台即心，方寸也是心，斜月三星还是心。综合的隐喻，就是说孙悟空所到的地方，是一个修心之地。所以在方寸山的前七年，菩提祖师并没有教他什么本领，只是让他通过日常生活来修心养性罢了。

后来，孙悟空有了些基础，得到了菩提祖师的真传。但他的修为还是较低，师兄弟们一顿彩虹屁，就让他失去了定力，也正是因为这样，孙悟空被菩提祖师赶下山去。菩提祖师的本意，是让他下山历练一番，在红尘中淬炼本心，将来随着心性的提升，修为肯定会更高，本事肯定也更大。但离开师父的约束，他那颗按捺不住的心竟像野马一样奔驰起来，又是闯龙宫，又是下地府，又是闹天宫，最终被压在五行山下五百年！说到底，还是心性不稳，必须强制修行。

有人可能对“心性”这个词感到陌生，或者觉得有点儿玄。其实“心性”就是心，“性”是从“生”字衍生来的，“生”就是“天生”的意思，所以“心性”又指天性与本性。

人之初，性本善。善是修心的起点，也是终极的修心。我们曾经说过，修心就是不断地修掉各种执着心，包括显示心、争斗心、嫉妒心等，但唯有善心不可修掉，非但不可修掉，还要尽可能地培养。因为善心不是基于自身，而是基于利他，利他便不算执着，不算障碍。

如果说有一种观念，放诸四海而皆准，古今中外都适用，那就是善。中国人讲究“积善之家，必有余庆；积不善之家，必有余殃”，外国也有各种旨在劝善的格言谚语。比如泰国有句话叫“撒什么种子结什么果”，与我们常说的“种瓜得瓜，种豆得豆”如出一辙；英国也有句谚语，叫 as you sow you shall mow，翻译过来还是“种瓜得瓜，种豆得豆”。

我们来看一个故事：

100 多年前的某个下午，一位贫穷的英国农民在劳作时，忽然听到远处传来了呼救声。原来有一个孩子不幸落水了，他不假思索地跑过去，奋不顾身地跳入水中，把孩子救了上来。

几天后，一位贵族带着厚礼登门感谢，那个获救的孩子正是他的儿子。但农民拒绝了他的厚礼。因为他觉得救人只是出于自己的良心，自己并不能因为对方出身高贵，就贪恋别人的财物。

贵族感动之余，当即作出决定，资助这位农民的儿子到伦敦接受高等教育！这一次，农民没有拒绝，因为这恰恰是他多年以来的心愿。

农民很快乐，因为他的儿子终于有了改变命运的机会。贵族也很快乐，因为他可以帮助自己的恩人完成心愿。

多年以后，这位农民的儿子从伦敦圣玛丽医学院毕业了。1928年，他首次发现了青霉素，并在后来荣获了诺贝尔医学奖。他就是亚历山大·弗莱明。

那个获救的贵族公子也长大了，在第二次世界大战期间，他患上了严重的肺炎。幸运的是，依靠青霉素，他很快就痊愈了。他就是英国首相丘吉尔。

这个小故事发人深省。一个基于良心的善举，不仅为农民自己开辟了福田，种下了善因，也为整个世界开启了善的循环。没有他的善举，可能就没有青霉素；没有青霉素，抛开丘吉尔与战争不谈，世界上又有多少人会被病魔夺去生命？

当然，修善只是修心的一部分，但总的来说，决定一个人人生境遇的，不是风水，也不是星座，而是他的思想、品德和行为。一心一意地修身，一丝不苟地修心，好的意念和能量就会主导我们的身心，福报就会不求而自得。或者说，这本身就是福报。

不可或缺的三颗心

- **慈悲心**

从世人的角度来说，慈悲心就是爱心，它是针对各种不良心态的良药。慈悲心在，人就能守住理智，就不会用言语和行为伤害别人，就能够远离罪恶与烦恼，积累德行与福报。

- **平常心**

世间万物，都有它的正反面，有的还有多面性。人生如海，拥有一颗平常心，才能在面对人生起伏时宠辱不惊，透过现象看到本质，透过绝望看到希望。

- **平等心**

庄子曾经借申徒嘉之口指出，人的一辈子，始终在后羿的射程之内徘徊。只要你活着，任何人都跑不了，到哪儿都躲不掉，难以超然物外。所以健康的不必嘲笑有疾病的，健全的不必看轻残疾的，即便接受你帮助的人，也不一定就比你境界低、层次低。不修平等心，会使我们变得越来越势利，而人与人之间的冲突，很多时候都是由此引起的。

先处理心情，再处理事情

心清水现月，意定天无云。学子不知心，硬往禅里寻。

风来疏竹，风过而竹不留声。雁渡寒潭，雁过而潭不留影。

你有没有遇到过这种情况：

傍晚，你和女朋友边走边聊天，不知道哪句话说得不对，她突然就生气了，扭头就往反方向走，速度还特别快。此时你发火没用，讲道理也没用，必须先诚恳地认错才行。

相信很多成年男士都遇到过这种情况，先把女朋友哄好，等她冷静后再来解决问题反而更有效。这恰恰体现了“先处理心情，再处理事情”的重要性。

所谓“心情”，简单来说就是情绪；所谓“处理心情”，简单来说就是稳定情绪。只有先稳定情绪——包括自己的情绪，也包括别人的情绪，才能高效地处理问题。

在传统文化中，心情即“情”，也就是人们常说的“七情”。至于究竟是哪七种，儒释道三家与中医各有不同的解释，但没有一家认为“情”是个好东西，所以要“斩七情”。因为“七情”后面连着“六欲”，情与欲互为依托，相互转化。只有斩却七情，断绝六欲，才能达到心无点尘、至高至上的境界。

退而求其次，也要追求“发而皆中节”，也就是控制情绪。这也符合社会学，因为七情六欲是人类的基本属性，完全跳出去并不现实，能做到的人凤毛麟角。对于大众来说，能克制不良欲望，不被不良情绪操控就行。

我们来看一个例子：

某青年失恋了，无法解开心结，于是去求助心理医生。

心理医生问他：“假设有一天，你在公园的长凳上休息，你身边放着一本心爱的书，后来有人坐在长凳上，把你的书坐坏了，你会怎么想？”

青年说：“我会很生气，会问他怎么那么不小心，你坐下的时候，难道不先看一看吗？”

心理医生问：“你说得对，但如果这个人是个盲人呢？”

青年马上改变了态度，说：“那我会原谅他，他又看不见，还挺可怜的，我会非常同情他。”

心理医生顺势说道：“你看同样一件事，只要你改变看法，心态就变了，是不是？”

故事虽小，蕴含的哲理却不少，我们一一道来。

首先，成年人的世界没有“容易”二字，总是面临着这样那样的问题。有些问题难以处理，我们只能“尽人事，听天命”；有些问题处理不好，是因为经验与智慧不足；还有些问题没处理好，则是因为我们缺乏一种处理问题所必需的良好心态。

其次，心理医生的“盲人说”，有点类似于庄子的“空船理论”，其大意是说，一个人在乘船渡河的时候，前面突然驶来一艘船，两艘船马上就要相撞，这个人急得大喊，但那艘船上没人回应，他就大骂了起来：“开船的人死了吗？”最后他才发现，撞上来的居然是一艘空船，没有了要生气的对象，他的冲天怒火一下子就无影无踪了。

生活中有不少人，很多时候都处在“空船”状态，也就是无人驾驶状态，言语与行为都不过大脑，都是本能的条件反射而已。遇到这种无法理喻的人与事，就可以将其当作“空船”看待，他根本就不在线，你又何必跟他生气呢？与此同时，也要时时警醒自己，既不让自己成为“空船”，又要避开那些无头苍蝇般的“空船”。

最后，高明的心理医生，都能够自由地出入于“共情”与“无情”之间。没有共情能力，就不能安抚患者，也就谈不上治疗。但患者的情绪稳定下来后，心理医生马上就要进入“无情”模式，也就是前面说的“斩七情”，否则很容易被患者的情绪带动，无法置身事外，反被裹挟其中。这就好比一个人去劝架，本来应该安抚双方，尽量大事化小，小事化无，但他在劝架过程中，自己沉不住气，结果把互殴变成了群殴。

人生的四种空

- **空杯**

人的一生要经历四种认知状态：一开始是“不知道自己不知道”，所以自以为是；然后是“知道自己不知道”，开始有敬畏心和空杯心；接下来是“知道自己知道”，清楚自己的认知范围；最后是“不知道自己知道”，从而永远保持空杯心态。

这是认知的最高境界，常怀空杯心，才有喝不完的“好茶”。

- **空船**

除了庄子的寓言，著名的“费斯汀格法则”也认为：“生活中的 10% 是由发生在你身上的事情组成的，而另外的 90% 则是由你对所发生的事情的反应所决定的。”换而言之，生活中 10% 的事情我们无法掌控，其余 90% 都是我们能掌控的。因此，我们在面对一些不好的人、事、物时，不要轻易动怒，常怀“空船”心，才能淡然处世，飘然事外。

- **空碗**

一只碗如果装满了米饭，就装不了牛排和海鲜了。重要之事，不可受芝麻绿豆小事所累。被琐事拖累的人，注定湮没在人潮中，碌碌无为。拒绝瞎忙，是人生的要事。常怀“空碗”心，才能从尘劳中解脱出来。

- **空篮**

历史学家任继愈的爷爷曾让他用一只装煤的篮子去打水，任继愈试了很多次，但每次篮子里的水都漏光了。他不解，爷爷说：“虽然你没打到水，但这个篮子从里到外都变得干净了，不是吗？”正所谓：“世上没有无用功，竹篮打水也不空。”无用之用，方为大用，常怀“空篮”心，才会有意外收获。

情绪不稳定，生活就不稳定

过耳不过心，慈悲不沾身。

谁有情绪谁负责，谁有痛苦谁成长。

所有负能量的东西都不要去回应，回应就会与之纠缠，纠缠就会受其损耗。不回应，就不会被干扰；不接应，它就会原路返回。

看一个人是否优秀，有一个非常重要但经常被忽视的指标，那就是看他情绪是否稳定。这个指标可以高度概括一个人的本质，也在很大程度上决定了一个人幸福与否。

什么叫情绪不稳定？

举例来说，早上出门时你心情还很好，还想做所有人的天使，但客户几句柔中带刚的话术，就让你彻底抓狂，暴躁得像一头霸王龙，这就叫情绪不稳定。

那什么叫情绪稳定呢？

我们来看一个故事：

有一天，美国前陆军部长斯坦顿找到林肯总统，气呼呼地说一位少将侮辱他，并指责他偏袒一些人。

“你可以写封信，狠狠地骂他一顿！”林肯说。

斯坦顿很快写了一封措辞激烈的信，并拿给林肯看。

“好！对啦！”林肯一边看，一边高声叫好，“就应该好好训他一顿，斯坦顿，写得真好！”

但当斯坦顿把信纸叠好，准备装进信封时，林肯却叫住了他：“你干什么呢？”

“寄出去呀！”斯坦顿有些摸不着头脑了。

“别胡闹！”林肯说，“我让你写这封信，只是让你消消气罢了。但你不能寄出去，快把它扔到炉子里，我生气时写的信，都是这么处理的。现在你已经消气了，把它烧掉，然后再重新写一封吧！”

上面的故事，彰显了林肯的境界，也提供了发泄情绪的具体思路，大家心情不好时不妨一试。

同时，这个故事告诉我们，只要是人就会有情绪，发泄情绪还不容易？但苏东坡说得好，匹夫见辱，拔剑而起，挺身而斗，不足为勇。能够在常人都“应该”生气的时候而不生气，能够控制自己的情绪进而影响别人的情绪，才是真正的高手。

能控制情绪，才能控制场面。以情绪对情绪，只能让矛盾激化，让场面失控。冷静克制，宠辱不惊，这种气质本身就有安抚作用。即使对方心里有千军万马，也可以先坐下来跟你谈谈。

生活中有很多人，平时手无缚鸡之力，上楼都没劲儿，但是发起怒来，仿佛掌握着全世界的炮火，动不动就是同归于尽的打法。有的直接就不幸了，有的则为自己和家人埋下了不幸的种子。

说难听点，情绪不稳定的人就像定时炸弹，和他们相处，总是要小心翼翼的，因为不知道哪一件小事或哪一句话会让敏感的他们变得暴躁，继而对你或你所处的环境狂轰滥炸。君子不立危墙之下，改变别人是很难的，我们只能尽量远离这种人，别让他们影响到自己的情绪。当然，如果你已经进入了修养的高级阶段，带着觉知与他们接触，并且总是怀抱善心善念，也可以把他们当作修持路上的好朋友，相关资源还不是情绪稳定的人能够提供的。倘若你还能进一步影响他们，提升他们，那当真是功德一件。

情绪稳定的四种能力

- **良好的自控能力**

随时随地控制自己的情绪，时刻保持良好的情绪状态，不被外界因素影响。

- **良好的沟通能力**

遇事先想到沟通，而不是发泄和指责，不仅能与他人进行有效沟通，也能有效地表达自己的情绪和观点。

- **良好的解决问题的能力**

生气是无能的表现，情绪稳定才不会被问题裹挟，不受不良情绪影响才能冷静地分析问题，最终有效地解决问题。

- **良好的自我调整能力**

偶尔失态是正常现象，情绪稳定是一种修炼，需要一个过程。所有的内外界因素都是试金石，要保持恭敬心，才能借助它们不断调整自己。

多问应不应该，少问喜不喜欢

若问喜欢不喜欢，英雄难过美人关，美人难过卖酸摊。

一个人去看病，医生不能问他喜欢吃什么药，由着他的性子来。

道德与利益冲突时，道德优先；需求与兴趣矛盾时，需求优先。

俗话说："兴趣是最好的老师。"那么，"兴趣"是什么？

从心理学上说，兴趣是一种喜爱的情绪，所以它是个很好的突破口，但也仅仅是个突破口。除非你能把这种"喜爱"的情绪提升至"热爱"的级别，否则你很难得到最终结果。

很多人所谓的兴趣，其实是一种伪兴趣。比如，很多年轻人经常在选秀节目中说，"音乐是我的生命"，或者"表演是我的生命"，还有一些红男绿女喜欢在相亲节目中罗列自己的兴趣爱好，归纳起来不外乎旅游、美食、音乐等。试问，这些东西有谁不喜欢？诚然，这也是兴趣爱好，但它们无疑也是人性弱点的反映。

有人稍好些，除了吃喝玩乐，还爱读书。但读书是分档次的，如果你只是喜欢读网络小说，那我觉得这跟喜欢看电视、看电影、刷短视频、玩游戏也没什么本质区别。人得尽量读一些自己不太喜欢，乃至非常费脑筋的书，因为读书的主要目的不是愉悦，而是获得提升与发展。人要发展，就不能只读那些喜欢读的书，而应该读一些自己不愿意读也不容易读懂的书，这样才能认清自己的不足，进而补足自己的短板，升华自己。

学习也是这样，兴趣只是突破口，而不是终点。读小说和写小说，听音乐与创作歌曲，完全是两回事。前者是休闲娱乐，后者是专业创作。我们要明白，任何令你感兴趣的领域中，都必然会有一些乏味的内容，而你不能只拣有趣的学。

“喜欢”是一回事，“应该”是另一回事。如果说“喜欢”是美食，那么“应该”就是良药。当一个人去看医生时，医生肯定不能问他喜欢哪种口味的药，不能由着病人来。医生不仅要对症下药，还会叮嘱他在饮食上应该清淡些，配合治疗。

如果能从事自己喜欢的工作，自然没什么不好，但这个世界上有太多人难以从事自己喜欢的工作，甚至连那个圈子都进入不了。这种情况下，就更不应该一厢情愿地只考虑自己是否喜欢的问题了。俞敏洪的经验很有借鉴意义。他说：

我从来没喜欢过英语，当初考英语只是因为数学不行。不喜欢英语是因为我的模仿能力不强。像我的班长王强，他能够把任何话都模仿得惟妙惟肖。我普通话练了一年，才练成大家能听懂的样子。我老婆是天津人，跟我一吵架就用天津话骂我，但是我到现在为止只会说一句天津话，那就是当她拿起棍子打我的时候，我向她大吼一声天津腔的“干吗”！但是后来我发现英语成了我生命中的工具。在登山的时候，你会在乎你喜欢不喜欢登山杖吗？不会，你只会在乎它能否帮你登上山顶。那么英语就是我的登山杖，尽管我不喜欢，但我知道我要想攀上更高的人生的山峰，就必须依靠这根登山杖。

卡耐基也说过：“如果你在工作中得不到快乐，那么你在别的地方也不可能找到。只要你的想法正确，任何环境都会变得不那么讨厌。虽然你的老板希望你对自己的工作感兴趣不过是为了赚更多的钱，可是我们姑且不必管老板需要什么，只需想想如果你对自己的工作感兴趣的话，你会得到什么好处就行了。”

曾仕强先生则从修身的角度阐释过“喜不喜欢”与“应不应该”的问题，他说：“凡事应该多问应该不应该，少问喜欢不喜欢。人不能只求喜欢不喜欢，那是对自己非常不负责任的做法。这其实就是孟子所讲的‘义’，‘义’与‘不义’，其实就是应不应该。”确实，如果单论喜欢不喜欢，就连道义也没必要存在了，遑论其他。

过度负责也不好

凡事皆有度，不负责任不行，过度负责也不好，一来过度负责是对自己的不负责，让自己负荷太重不说，所有事都负责就容易忽略自身的主要职责；二来过于“积极”地负责任也会剥夺他人的权利，使他人变得依赖，进而变得不负责任。

一般来说，出现以下情况，就说明你有过度积极的责任感，就需要注意平衡了。

- 经常关注他人需求，并因此忽略自身需求。
- 经常提醒别人需要做什么，并对他们的不负责任感到恼火。
- 对大多数要求口头说“好的”，实际又感到不满。
- 事情出一点儿小差错，也会感受到巨大的沉重感。

第四章

修德

小胜凭智，大胜靠德

但行好事，莫问前程

谈修养就不要谈回报，谈回报不如去谈生意。

真正的好人，爱猫也爱老鼠；真正的好心，什么都不执着。

过去善，丢一件是一件；现在善，行一件是一件；未来善，想一件是一件。

通过修身养性，你能得到什么？

这个问题，不仅现代人会问，古人也会问。不仅中国人会问，外国人也会问。

但它很难回答。回答不好的话，还会影响人们的善念与信心。

比如有句老话说，“修桥补路双瞎眼，杀人放火子孙多”，也不知道这话出自哪里，但被引用得多了，就显得很“经典”，没点儿水平的人还很难反驳。

生活中也确实存在着这样的情况，所以很多人对这个世界充满困惑。有人德才兼备，百里挑一，谁都知道他是个好人，但好事总是轮不到他；有人头顶生疮，脚底流脓，谁都知道他坏透了，但他应有尽有，还有很多崇拜者！

真的是匪夷所思。这个世界究竟怎么了？

我们先讲个故事：

1963年，美国有个名叫玛莉·班尼的困惑小孩儿，给《芝加哥先驱论坛报》的主笔西勒·库斯特写信，向他请教："为什么每次我帮妈妈把烤好的甜饼送到餐桌上，得到的只是一句'好孩子'的夸奖，而我那什么都不干、只知道捣蛋的弟弟戴维，得到的却是一个甜饼？我想问问无所不知的西勒先生，上帝真的是公平的吗？为什么我在家和学校里经常看到一些好孩子被上帝遗忘了？"

这个问题让西勒很为难。事实上，早在玛莉给他写信之前，就已经有很多美国孩子针对类似的情况给他写过信，多达上千封，但他始终想不出一个能让孩子们接受的答案，所以也没法回信。第二天，一个朋友邀请他参加婚礼。他实在应该感谢那场婚礼，因为他在那场婚礼上意外地找到了答案，而这个答案也让他名扬天下。

当时，牧师主持完仪式，按照惯例新娘和新郎需要互换戒指，也许是因为太激动了，他们在互换戒指时，都阴差阳错地把戒指戴在了对方的右手上——他们都戴错了，正确的戴法是戴在左手无名指上，因为西方文化认为左手无名指的血液直通人的心脏——牧师看到这一情景，非常幽默地说："右手已经够完美的了，我想你们最好还是用它来装扮左手吧！"

这不经意的一句话，让西勒茅塞顿开。右手非常完美，没必要再用饰物去装扮它。同样，那些有德之人，之所以常常被忽略，不也是因为他们已经非常完美了吗？后来，西勒得出结论：上帝让右手成为右手，就是对右手的最高奖赏；上帝让善人成为善人，也就是对善人的最高奖赏！

兴奋不已的西勒，立即以"上帝让你成为一个好孩子，就是对你的最高奖赏”为题，给玛莉回了一封信。这封信也被刊登在《芝加哥先驱论坛报》上，并在很短时间内，被美国及欧洲一千多家报刊转载，而且每年的儿童节，都会被重新刊载一次。

其实这也就是中国人常说的“但行好事，莫问前程”。我们要明白，大多数人很多时候顶多是个站在自身立场、基于自身利益或自身价值观的“好人”。当我们追问“好人为什么没好报”时，说明我们起码还有贪图心和嗔恨心。真正的好人，爱猫也爱老鼠；真正的好心，什么都不执着。我们要把心量进一步放大，进一步修掉意念中的毒花恶草，不然就没法更上一层楼，成为更完善的自己。

《了凡四训》八对善

- **真善与假善**

行善不为私利，也不图回报，就是真善；基于私利或回报行善，就是假善。

- **端善与曲善**

善心端正，善行端直，就是端善；善心善行中夹带着私心杂念，就是曲善。

- **阴善与阳善**

做了善事，没有人知道，自己也不宣扬，这是阴善，也就是我们常说的“阴德”；做了善事，为人所知，或者自行宣传，则是阳善。

- **是善与非善**

善行经得起时间的检验，并且放诸四海而皆准，叫作是善；善行有局限性，长远来看还会造成不好的影响，叫作非善。

- **正善与偏善**

正善就是好心办好事。偏善分两种情况，一是好心办坏事，二是坏心办好事，前者是正中之偏，后者是偏中之正，都算不上正善。

- **满善与半善**

全心全力地行善，并且不着相，是满善；浅尝辄止，行善后还一直放在心上，期望回报，是半善。

- **大善与小善**

为社会、为国家、为全人类着想，善行很小，也是大善；为个人、为家庭、为小我着想，善行再大，也是小善。

- **难善与易善**

生活贫困的人，谋生都很艰难，仍坚持行善，便是难善；有钱有权的人，做善事很容易，叫作易善。

己所欲，也请勿施于人

甲之蜜糖，乙之砒霜。

有些事情就像西医，具有普遍性；有些事情则像中医，讲究个体差异。

己所不欲，勿施于人；己所欲，也请勿施于人；人所不欲，更请勿施于人。

首先问一个问题：诸葛亮的《诫子书》，是写给谁的？

有人想，肯定是写给他儿子诸葛瞻的。

确实是这样，但仔细想想，它也是写给孔明自己和天下人的。

古圣先贤，发心都很大，能以天下人为子女，以子女为天下人，但天下人有几个愿意听呢？所以他只能打着“诫子”的名义，讲一点儿在他看来最为重要的东西，能悟的就悟，不能悟的也不强求。

庄子也是这样，不给某一个具体的人讲，也不讲某一个具体的人，而且谁来了都是讲寓言。你可以对号入座，但他就是不明说。

庄子在《应帝王》中写道，南海的帝君名叫儵，北海的帝君名叫忽，中央的帝君名叫混沌。儵与忽常常相会于混沌之处，混沌待他们非常友善。儵与忽就想报答混沌，说：“人人都有七窍，唯独混沌没有，我们为他凿开七窍吧。”于是他们每天帮他凿出一个孔窍，连续凿了七天，混沌死了。

有人说，这个故事的寓意就是好心办坏事。确实有这层内涵，但这是最为肤浅的一层。那么庄子到底想说明什么呢？其实寓言中的混沌，代表的是人的先天本性。混沌原本活得很好，是因为人的先天本性尚未被后天环境污染。为什么七窍被凿开之后，混沌就死了呢？因为七窍就是我们的五官，我们有了眼睛就要看，而且要看好看的东西；有了耳朵就要听，而且要听好听的声音；有了鼻子就要闻，而且要闻好闻的气味；有了嘴巴就要吃，而且要吃好吃的东西……老子说：“五色令人目盲，五音令人耳聋，五味令人口爽。”眼睛对色彩的执着，耳朵对声音的执着，嘴巴对食物的执着，不仅会伤害五官的本能，还会令嗜欲作用到我们的心上，增强我们的执着心，埋没我们的先天本性，使它像混沌一样死掉。

或者说，即使你的心是好的，知识是善的，能量是正的，智慧是通的，但对于那些尚未开窍的人来说，也不要过于一厢情愿。好心要用在有价值的事身上，智慧要用在有慧根的人身上。社会就是混沌的，世人就是混沌的，众生根器，各有各的不同，也各有各的缘分，顺其自然才好，顺天应人才行。

孔子说：“己所不欲，勿施于人。”庄子则在此基础上，传达出“己所欲，也请勿施于人”的更高境界。把自己的思想、好恶与生活方式强加于人，同样是不可取的，因为这也是强人所难。

以节省为例，有人节省是美德，有人则是不得不省，因为确实没钱。不得不省的人，既不能因为自己节省而看不惯别人锦衣玉食，也不能为节省而节省、与节省较劲，因为“麻绳专挑细处断”。

此外，读书、听音乐、锻炼身体、作息规律，很多事情都是这样，如果你愿意，你可以去找同频的人，筛选永远比改造有效。千万不要请爱狗的人吃狗肉，请他们不如请我。

参禅三境界

- **看山是山，看水是水**

这是人生的第一阶段，彼时我们涉世未深，对很多事情都感到新鲜、好奇，心地纯洁，白纸一张，别人说什么就是什么，看似一点就懂，实则懵懵懂懂，所以容易把邪见当真理，且有一种信徒般的虔诚。传销组织中受害的年轻人，就是典型的例子。

- **看山不是山，看水不是水**

碰壁吃亏之后，自然会长记性，但同时也会对现实世界产生怀疑，这时就进入了“看山不是山，看水不是水”的第二重境界。处在这个境界的人，普遍都在追求“超凡入圣”，最容易犯的毛病就是自我迷失，浮躁不安，自我膨胀，再也踏实不下来。

- **看山还是山，看水还是水**

只有少部分人能从“超凡入圣”的执迷中醒悟过来，转而“超圣入凡”，返璞归真，在顺其自然的前提下，追求更高境界。这时，虽然“看山还是山，看水还是水”，可是这山这水看在眼里，又有另外的内涵了。

所谓命运，就是人对自己的选择

过载者沉其舟，欲盛者杀其身。

向错走，弱点就是缺点；向对走，弱点也是优点。

恶是犁头善是泥，善人常被恶人欺。铁打犁头年年换，未见田中换烂泥。

这一节，我们从《西游记》讲起。

很多人可能会有这样的疑问：在正式传艺前，菩提老祖为什么要给孙悟空挖那么多坑？先是问他学不学求仙问卜，孙悟空说“求仙问卜，不如自己做主”，又问他学不学念佛诵经，孙悟空又说“念佛诵经，不如本事在身”，最后又问他学不学参禅打坐，孙悟空表示“参禅打坐，不如弄棒打拳”，老祖还生气了，于是让他尝了尝戒尺的厉害，拂袖而去！

其实，菩提老祖之所以这样，就是为了考验孙悟空，看他怎么选。

所谓命运，就是人对自己的选择。如果孙悟空非要做个半仙，菩提老祖又能怎么办？如果他闯祸之后宁死也不去取经，观音菩萨又能怎么办？

那么，又是什么影响着人们的选择呢？

答案是德。

所谓“根基不牢，地动山摇”，对人来说，根基就是德，动摇的就是心。根基不够，只能努力来凑。没有德，就只能积德。

一部《道德经》，看似玄妙，说直白些，无非就是一本阐释“道”与强调“德”的经典。有的版本还把“德”字提前，叫《德道经》，足见“德”的重要性。闻道在先的人还说，“德”不仅是一种精神，也是一种肉眼看不到的物质，这种物质的多少，就是所谓的根基。根基浅，对《道德经》的理解也就相应很浅，只能看出一些政治、兵法、人情世故之类的。

所以老子说，“天道无亲，常与善人”，人们也常说某人积了大德，某人损了德、缺了德，这话非常朴素，也非常正确。历朝历代的例子俯拾皆是，我们这里讲一个外国的故事。

多年前的美国，一个风雨交加的夜晚，一对老夫妇走进一间旅馆，想要住宿一晚。

值班的服务生说：“非常抱歉，今天这里有个重要的会议，所有的房间都住满了人。如果是平常，我可以送你们去其他旅馆，可现在雨太大，如果你们不嫌弃的话，可以暂住我的房间，虽然它不是豪华套房，但非常干净，我今晚值班，会一直待在这里。”

老夫妇愉快地接受了，并且表示了谢意。第二天一早，老先生去结账时，服务生却表示他们昨晚住的并不是客房，所以不能收费。老先生也没坚持，只是称赞服务生说：“你是每个旅馆老板都梦寐以求的员工，或许有一天我可以帮你盖一座旅馆。”服务生也没当回事，热情地送别了这对老夫妇。

没想到，几年之后，那个服务生收到了一封挂号信，信中描述了那个风雨交加的夜晚，还附有一张邀请函和一张前往纽约的机票，请他到纽约一游。

服务生愉快地接受了邀请。抵达纽约后，他见到了当年那位老先生。老先生指着一栋新建的大楼说："这是我为你盖的旅馆，希望你来经营！"

服务生惊叹不已，老先生说："你不用奇怪，我叫威廉·华尔道夫·阿斯特，我没有任何条件，我说过，你是所有旅馆老板都梦寐以求的员工，或许有一天我可以帮你盖一座旅馆，现在，它就在你面前。"

最终，服务生接受了老先生的聘请，这家旅馆就是纽约著名的华尔道夫饭店，很长时间内，各国政要造访纽约，都首选下榻于此。而那位服务生，就是全球旅馆业的传奇人物——乔治·波特。

最后，我们从汉字这个角度讲讲"德"。它由五部分组成，分别是"彳""十""四""一""心"。"彳"，读作chì，意思是慢慢走，表示行动，引申为道路，即道。"十"，指十字路口，正因为走到了十字路口，所以要慢慢走，要慎重选择往哪里走，做什么样的人。"四"，其实是一个横着的"目"字，目就是眼睛，与"十"组成"直"字，意思是到了十字路口，慢一点，仔细看看自己走的路是不是直的，切不可走上歪道、邪道。"一"，指一心一意，即在外察的同时进行内省，不能有二心，不能有二意，要时刻存乎一"心"，也就是下面的"心"字。另外，把"心"放在最下面，还有知行合一的意思，因为我们的脚也在最下面，引申为行。也只有我们的眼、心、脚三位一体，才能够做到眼正、心正与脚正，才能够看对、选对且走对。

人生三大遗憾

- **遇良师不能求教**

世有伯乐，然后有千里马。伯乐不只是会相马，也会驯马。良师就是伯乐，就看你好不好学。只要你谦虚好学，哪怕你没有千里马的基因，他也可以把你调教成一匹相对不错的马，并且能让你少走很多弯路。

- **遇良友不能深交**

没有鲍叔牙，就没有管仲一生的功业。良友如良师，同样可遇而不可求。所以一定要广交朋友，靠得住的就深交，靠不住的就做点头之交，就算绝交，也不能口出恶言。否则的话，你只会多一个敌人。

- **遇良机不能把握**

站在风口上，猪也能起飞。人生的紧要处，就那么关键几步。真正厉害的人，没机会也要创造机会。机会来了，我们为什么不试一试？要知道，试错的成本再高，也没有错过的成本高。

人之所以痛苦，是因为追逐着错误的东西

追逐影子的人，自己就是影子。

生命之箭一经射出就永不停止，永远追逐着那逃避它的目标。

当一个人喜爱梭鱼跳跃的水声时，他是个诗人；当他明白了这不过是强者追赶弱者的声音时，他是个思想家。

你的梦想是什么？

最近这些年，中国人特别喜欢谈梦想，尤其是年轻人。然而仔细分析，很多人所谓的“梦想”“理想”，都只是“欲望”的代名词。

那么，究竟什么是梦想？什么是欲望？什么又是疯狂？

很简单，有节制的追求就是梦想，没节制的追求就是欲望，追求不可能实现之事即为疯狂。

追求不可能实现之事即为疯狂——这是著名的“帝王哲学家”古罗马贤帝马可·奥勒留的名句。他在《沉思录》中写道：“对于宇宙的物质整体而言，你所占的份额实在微不足道；而相对于宇宙的时间整体来说，分配给你的实在是极其微小的沧海一粟。”又说：“哲学的主要任务是回应灵魂的呼声。”我们之所以会感到悲伤和痛苦，是因为我们不明白自己，没有听到自己灵魂的呼声，因而也不能作出合理的回应，不能使自己从种种悲伤和痛苦中求得解放。

什么是幸福？能使自己从种种悲伤和痛苦中解放出来，就是幸福。

什么能把我们从悲伤和痛苦中解放出来呢？物质吗？显然不是。美国《华盛顿邮报》评选出的十大奢侈品中，无一与物质相关，它们分别是：

1. 生命的觉悟。

2. 一颗自由、喜悦与充满爱的心。

3. 走遍天下的气魄。

4. 回归自然，有与大自然连接的能力。

5. 安稳而平和的睡眠。

6. 享受真正属于自己的空间和时间。

7. 彼此深爱的灵魂伴侣。

8. 任何时候都有真正懂你的人。

9. 身体健康，内心富有。

10. 能感染并点燃他人的希望。

就事论事，上述10条，你能满足几条？我本人勉强能满足8条。1、2、3、4、5、6、9、10，都是我自己就能办到的事，所以都能满足，一点儿也不勉强。7与8，则涉及他人，这就不是我们自己努力就能达到的了，随缘吧。

回到前面的话题：美国人这么认为，不等于美国人都具备，“缺什么就喊什么”的逻辑，同样适用于美国。

我们来看一个美国大萧条时代的故事：

由于经济不景气，一个商人每天都很焦虑，愁得晚上睡不着觉，妻子建议他找心理医生看看。

见到医生后，医生看着他遍布血丝的双眼，问：“怎么了，是不是失眠了？”

商人说：“可不是嘛！”

医生开导他说：“这没什么！你先回去，试着数数羊，不行再来找我。”

商人道谢后离开了。

没几天，他又来了，这回情况更差，精神更加不振。

医生问：“你没照我说的话去做吗？”

商人说：“做了！我每天都数到3万多头羊呢！”

医生又问：“数了这么多，难道一点儿也不困？”

商人说：“本来是困极了。可一想到3万多头羊要剪毛，我怎么睡得着呢！”

医生说：“剪完不就可以睡了吗？”

商人叹了口气说：“问题是，剪完毛之后，织成的毛衣去哪儿找买主呀！”

这个商人并不是个例，商品经济时代，每个人都把自己经营成了一个商人，上班的搞兼职，创业的玩体系，投资的讲生态……不仅累，还累得没道理。

现代人总说自己“压力山大”，还有网友把它谐音化了，叫“亚历山大”。说来很巧，亚历山大大帝确实也曾面对过类似的灵魂拷问。据说，他临死前留下三大遗愿：第一，他的棺材必须由其医师独自运回去；第二，当他的棺材运向坟墓时，通往墓园的道路要撒满他宝库里的金子、银子和宝石；第三，要在他的棺材两侧各挖一个洞，将他的双手放在棺材外面。人们都很好奇，但没人敢问为什么。只有一位新晋职的年轻将军壮着胆子，吻了吻亚历山大的手，说："陛下，我们一定按您的吩咐去做，但您能告诉我们为什么要这么做吗？"亚历山大喘息着回答："我想让世人明白我刚刚学到的三个教训。让医师运载我的棺材，为的是让人们意识到医生不可能治疗人们的所有疾病。面对死亡，他们也无能为力。希望人们能够珍爱生命。第二个遗愿是告诉人们不要像我一样追求金钱。我花费了一生去追求财富，但很多时候都是在浪费时间。第三个遗愿是希望人们明白我是空着手来到这个世界的，而且我也是空着手离开这个世界的。"说完，亚历山大便停止了呼吸。

如何才能避免空手离开这个世界？用马可·奥勒留的话说，当一个人开始问及这个问题时，他就已经从中得到了回报，因为他已经远离了疯狂，回归了理性。用我们的话说则是，他已经开始问道了。问道，才有闻道的资格。闻道，才有悟道的契机。

古人的好方法

● **赵槩的方法**

赵槩是宋代理学家，他提出过一个克制私欲的好方法：找两个瓶子，准备两盘豆子，一盘黑豆，一盘白豆，静坐房中，脑中随想。每起一个善念，就投一枚白豆在一个瓶子里；每起一个恶念，就投一枚黑豆在另一个瓶子里。最初是黑多白少，过一个阶段后会黑白相等，然后不再有黑豆，最后连白豆也越来越少。为什么？因为静坐的主要目的就是静心，你心中有太多善念，也安定不下来。

● **徐溥的方法**

徐溥是明朝人，他的方法与赵槩的办法相差无几，只是把白豆换成了黄豆而已，但他坚持的时间很久，并且影响了很多士大夫，大家还给它起了个名字，叫“入德之方”。

● **穆格发的方法**

穆格发是古阿拉伯哲学家，他的方法是对善恶做到心中有数，并将自己的不足之处记在本子上，常常对照反省，努力改正。每日、每周、每月改正一个、两个或多个毛病。每改正一个毛病，便将其从本子上抹去。抹去本子上的缺陷时，人自然会为之高兴。如果本子上还有缺陷，那就应该感到忧虑。他把这种方法叫作“智者的内省”。

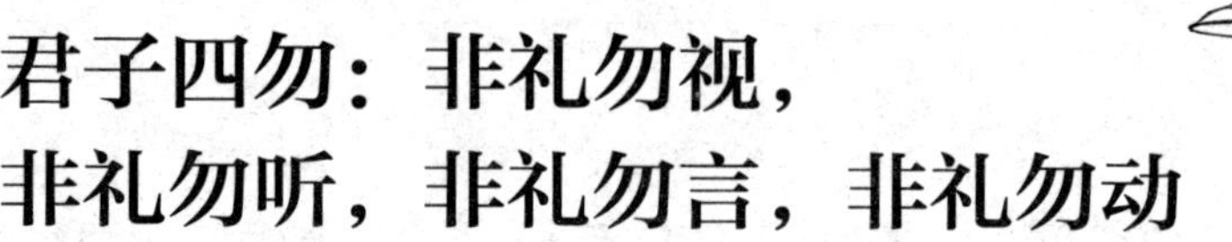

君子四勿：非礼勿视，非礼勿听，非礼勿言，非礼勿动

道德是永恒的，而财富每天在更换主人。

修德就是管好自己，齐家就是管好家庭，治国就是管好国家。

在有探头的地方守交规，不叫守交规；在没探头的地方守交规，才叫守交规。做不到慎独，就谈不上修德。

君子四勿，出自《论语·颜渊》。

颜渊即颜回，他是孔子最好的学生，能做到“三月不违仁”，而其余的学生，只能保持几天或者个把月。

当初，颜回请教孔子：“请讲讲‘仁’的内涵。”

孔子说：“克己复礼，就是‘仁’的主要内涵。人人都能克己复礼的话，天下就是最理想的社会了。但克己复礼得从我们自己做起，自己不做，却要求别人做，怎么行得通呢？”颜回又说：“请讲讲具体的做法。”

于是孔子说：“非礼勿视，非礼勿听，非礼勿言，非礼勿动。”

颜回说：“我虽然不聪明，但是请让我按照这话去做吧！”

结果我们都知道，颜回不仅做到了“君子四勿”，还赋予了它更多的内涵，比如“不迁怒”“不贰过”，等等。下面，我们就来具体讲讲“君子四勿”及其现实意义。

一、非礼勿视

简单来说，就是不合礼制的不要看。为什么不要看？因为看了就会动心。或者说，你看，就说明你已经动了心，而且已经到了心管不住眼，按捺不住的程度。

我很小的时候，家族中的一位长者曾预言过家族中的一位青年“将来肯定没有出息”。为什么呢？就因为当时刚刚流行挂历，很多挂历上都印着各种大美女，有的既美艳又暴露，而这个青年不论去谁家，都特别喜欢欣赏这种挂历，他不是简单地瞄一眼两眼，而是一张一张地翻看，因为挂历都有 12 张，一边看还一边发出“啧啧”的声音！

还别说，这位长者的预言神准，那位青年不仅后来没什么出息，教育出来的孩子也没出息。

二、非礼勿听

简单来说，就是不合礼制的不要听，比如别人的隐私、流言蜚语、靡靡之音、谣传谣言，以及不符合大道、正道、中道的歪理邪说，都不要听。还有“枕边风”，不仅不要听，还要予以纠正。

比如一些三俗的相声，听着确实过瘾，但仔细想想，这说明我们内心还有一些瘾好。

如果别人非要说怎么办？很简单，要么关机，要么换台，要么堵住自己的耳朵，免受干扰即可。只要你的心不动，嘴长在别人身上，就让他说去吧！

三、非礼勿言

简单来说，就是不合礼制的不要说。《言箴》有言：“人心之动，因言以宣。发禁躁妄，内斯静专。矧是枢机，兴戎出好。吉凶荣辱，惟其所召。”即使无涉“吉凶荣辱”，我们也应该对自己有点儿要求，不能想说什么就说什么。人有妄言，必有妄心。

现代人常说“改天请你吃饭”，改天是哪天？如果真想请人吃饭，当下就是最好的时间。很多人打电话时，明明就在家里，非得说在外地，其实不是他的人在外地，是他的心不在原地了！

四、非礼勿动

简单来说，就是不合礼制的不要做。市面上有一种摆件，叫作“三不猴”，它由三只猴子组成，憨状可掬，其中一只用手捂着眼睛，代表“非礼勿视”，另一只用手捂着耳朵，代表“非礼勿听”，第三只用手捂住嘴巴，代表“非礼勿言”。那么代表“非礼勿动”的那只在哪里呢？不是忘了、丢了，而是它指的就是我们自己。如果我们能控制好自己，我们就不在其列。

非礼勿动，不仅意味着不该动的就别动，不该拿的就别拿，不该做的就不做，还意味着应该动的、应该拿的、应该做的也要做到谨慎。

君子四德

子产是春秋时期的郑国贤相，孔子认为他在四个方面符合“君子之德”，即行己恭、事上敬、养民惠、使民义。

- 行己恭。恭就是谦恭，有谦恭之心，必有谦恭之行，能够恭于己，才能恭于人、恭于事。具体到子产，就是不贪功也不贪赏，还不贪图个人享受，以至于他死后，家中的积蓄竟然不足以办丧事。
- 事上敬。子产是郑国的柱石，也是国运之所系，但对待国君，他总是依礼而行，从无丝毫僭越。对待诸侯，他也能处理好关系，即使是拒绝对方，也让人挑不出错。
- 养民惠。惠即实惠，也就是各种惠民政策。子产执政时，推行田制改革，一度遭遇到激烈的批评，百姓还编歌谣骂他。但三年之后，百姓又编歌谣歌颂他，因为百姓从中得到了实惠，国家也因此变得富强。
- 使民义。义即合理，也就是不滥用民力。若只知用强，迫使百姓或下属做超出他们能力限度的事情，就会官逼民反，把子民变成敌人。此外，子产还“不毁乡校”，允许百姓讨论执政者的得与失，非常的难能可贵。所以他去世后，连孔子也为之痛哭。

孔子四绝：毋意、毋必、毋固、毋我

风声也好，雨声也好，孔子的弦歌一路不断。

在朝也好，在野也好，孔子从来不考虑一小撮人的利益。

道不见了才讲德，德不见了才讲仁，仁不见了才讲义，道德仁义都不见了才讲智，当智慧用来骗人时，才强调信用……信用不是道德的标杆，而是道德的底线。

孔子四绝，语出《论语·子罕》。

其原文是："子绝四，毋意，毋必，毋固，毋我。"意思是说，孔子杜绝了四种弊病，即不臆测，不绝对，不固执，不自我。

"绝四"是孔子多年修身养性的结果，涉及一些最基本的道德观念和价值观念。只有先做到这几点，才谈得上完善道德，才能向更高层次迈进。

下面我们逐一谈谈。

一、毋意

毋意，就是不要臆想、臆断的意思，"意"通"臆"。

列子讲过一个“邻人遗斧”的故事，大意是说，有个人丢了一把斧子，他怀疑是邻居家的小孩偷去了，于是就观察他，结果看他走路的样子像偷斧子的，看他说话的样子也像偷斧子的。后来他在自家院里找到了遗失的斧子，然后再看那个邻居家的小孩，发现他走路和说话的样子都不像偷斧子的了。这其实就是我们所说的心理作用，事实还是那个事实，但我们的想法会变来变去，也正是这个变来变去的想法影响着我们的认知和判断。“毋意”就是通过杜绝主观臆断，规避错误的认知和判断。

另外，人之所以容易臆想、臆断，就是因为控制不住自己的心。很多时候，人们所说的“不如意”，从深层次上说就是“不如臆”，也就是理想丰满，现实骨感。我们的念头就像水波一样，一会儿产生，一会儿消失，一会儿又产生一个新的念头，一个接着一个。你甚至很难回忆出十分钟前自己在想什么，但我们的心，以及判断和认知，已经在不知不觉中被它带动、带跑了。想想看，孔子在给学生上课的时候，如果满脑子都是职称、学费等，他还能讲好课吗？

二、毋必

毋必，就是不要绝对化，不要认为自己就一定对。

这个世界上没有什么是绝对不变的，就连真理也是分层级的。比如孔子心心念念的“礼”，到了老子那里，也不过是过时且低层次的东西。但越是层次低的人，就越是会执着于低层次的认知，越是喜欢用简单条框来归纳、总结生活，也就是非黑即白。譬如现代人动辄批评孔子，说他的思想会使人愚忠愚孝，即“君君，臣臣，父父，子子”，其实这句话的本意是说，君王要有君王的样子，臣子要有臣子的样子，父亲要有父亲的样子，儿子要有儿子的样子——这有问题吗？有问题的是我们对它的理解。如果我们的层次较低，又喜欢人云亦云，就难免犯相似的错误。

我们生活中有这样的例子，比如父母望子成龙，希望孩子长大后一定要做官，一定要学法律，一定要娶个门当户对的媳妇，等等。青年找对象也是这样，对男人或女人有各种各样的标准，结果是对象符合这条，就不符合那条，总是不如意，最后自己“剩下”了。这也是违反“毋必”，在想象中给自己设限。正面的例子，钱穆先生说“用之则行，舍之则藏”，可以对比体悟。

三、毋固

毋固，就是不要固执。因为固执基本上等同于成见，而“成见”顾名思义就是一成不变的知见，相当于前面讲过的“毋必”。这并不奇怪，因为孔子四绝也是一以贯之的。

在这方面，孔子也犯过错误，那就是贸然地给两个弟子下了很不好的定语。其中一个是澹台灭明，此人相貌丑陋，孔子大概也学过一些相术，所以觉得他不会有大出息。另一个则是被斥之为“朽木不可雕也”的宰予，但这两个人后来都通过努力取得了不俗的成就，连孔子也说：“吾以言取人，失之宰予；以貌取人，失之子羽。”

曾仕强先生讲过一个“三季人”的故事：

孔子在世时，有一天，一个身穿绿衣服的人，来到孔府“踢馆”，他坚称一年只有三季。接待他的小弟子又好气，又好笑，然后据理力争，认定一年有四季。二人争论了半天，最后找到孔子评理，结果孔子也说一年有三季。等那人走后，小弟子不甘心，又问孔子，孔子笑着说：“你没看那个人穿着绿衣服吗？他是蚱蜢成精。蚱蜢的一生，只见过春天、夏天和秋天，没见过冬天，它的一年，当然只有三季了。”

曾老的本意是说，有些人压根儿就是“三季人”，知识狭隘，头脑简单，性格还特别倔，如果不是大是大非的问题，没必要跟他们计较。结合前面所讲，我们既不要固守自己的成见，也不要跟固执己见的人较真，一来犯不上，二来如此便是你也犯了固执的毛病。

四、毋我

毋我，就是不要自我。它既是毋意、毋必、毋固的延伸，也是对它们的总结。因为孔子四绝说到底，就是要杜绝我执。

有这么一个例子：

鲁国有个被断去一只脚的人，名叫王骀，虽然他是个残疾人，但跟他学习的人数跟孔子的弟子数相当。有个叫常季的弟子问孔子：“王骀是个刑余之人，跟他游学的人却与您平分秋色。这个人不怎么讲课，但跟他学习的人都能够满载而归。这是个什么样的人呢？”孔子说：“他是个圣人，我不如他，只是还没有向他请教罢了。我都要把他当作老师，何况不如我的人呢！岂止是鲁国人，我要引领天下人向他学习。”

这个故事出自《庄子》，其本意肯定不是为了夸耀孔子“毋我”那么简单，但它至少让我们从侧面看到了一个真实而可敬的孔子。不要因为我们举了几个庄子的例子，就认为孔子绝对不如庄子，那样的话就同时远离了毋意、毋必与毋固。

有文化的三种表现

- **根植于内心的修养**

读书多不等于有文化，有修养才叫有文化。现代人读书，只要分数高就是天之骄子，所以很多人书读得不少，但没有良知，也没有修养，这样读再多书，也不能算有文化。

- **无须提醒的自觉**

红灯停，绿灯行，上车要排队，见到老幼病残孕要让座，这是尽人皆知的事，但只有真正有文化的人才能做到。所谓“文化”，就是把文明化入内心，成为自己的一部分，在需要的时候，就能够像本能一样，自然而然地做到。

- **为他人着想的善良**

季羡林先生说过：“一个人 60% 的部分为他人着想，40% 的部分为自己着想，就是一个及格的好人。” 60% 的部分为他人着想，意味着这个人不仅突破了我执，而且进一步突破了人我平衡，没有长久的文化浸染与修身养性，不可能做到。

上善若水，像水一样完善自己

金以刚折，水以柔全。

一滴水要想不干涸，唯一的办法就是融入大海。

日日培元气，其人必寿；年年培善心，其德必厚。

网上有一个小段子，总结得很有意思：

在办公室挂“上善若水”的，多是没文化的包工头；

挂“天道酬勤”的，多是爱使唤人的小领导；

挂“宁静致远”的，多是爱折腾的老男人；

挂“厚德载物”的，多半是暴脾气；

挂“诚信赢天下”的，大多鬼话连篇；

挂“舍得”的，通常一点儿也不舍……

我本人就曾经做过承揽建筑工程的包工头，虽说没挂过“上善若水”的字画，但我自认为是理解它的。当时我想，所谓“上善若水”，不就是说水最善良嘛，毕竟水是生命之源！后来我才知道，这个“善”不是“善良”的意思，至少这不是它的主旨，不然你就没法解释那些滔天的洪水。这里的“善”，主要是完善的意思。

换句话说，老子强调“上善若水”，就是觉得水最为完善，人也应该效法水，不断完善自己。

老子认为，水有“七善”，即“居善地、心善渊、与善仁、言善信、正善治、事善能、动善时”。下面我们具体谈谈。

居善地，简单来说，就是待在你应该待的地方。哪里是自己应该待的地方呢？这很难一概而论，但也有两个基本判断原则，其一是这个地方很好，至少是不坏，其二是这个地方很适合你。同时满足这两个原则，你本人也不太差的话，就能够如鱼得水。否则不仅工作不开心，生活不如意，甚至还会有危险。

心善渊，顾名思义，就是说我们的心要像深渊、深潭一样，清澈平静，不受外物干扰。禅者有云，“人在荆棘中，不动不刺。心在俗世中，不动不伤”，做不到心如止水，就难免随波逐流。有的时候，水还是人家故意搅浑的，就看你有没有定力。

青春宝集团董事长冯根生先生曾经讲过自己的一段经历：

我当年在胡庆余堂当学徒的时候，遇到过一件非常奇怪的事。那就是有一段时间，我扫地的时候，经常会捡到钱。每次捡到钱，我都会把钱放在抽屉里，然后等第二天一早交给师父。每次捡到的钱数额都不大，大概相当于现在的二三十块钱。差不多过了一年，就再没捡到过了。

十几年以后，我的师父得了病，即将离世，我最后一次去看他。师父把我叫到床边，说起了当年的事：“你当学徒的时候，扫地时捡到钱，都交给我了。今天我告诉你，这是老板要考验你，一共试了你15次，你每次都交了。15次以后，老板就说：‘这个小孩是诚实的，他捡来的钱都不要，还会去偷吗？’”这时，我才明白过来，当年为什么总是捡到钱。

与善仁，是说水滋养万物，施恩不图报，这是最大的仁。具体到人类社会，就是说，与人交往，要心存友善，而不要心存排斥。有句话说得好：“你以怎样的态度对别人，别人就会以怎样的态度对待你。”如果你能待身边所有人以仁，就可得众人之力，无所不成。

言善信，是说水利万物，无假无妄，表里如一。具体到人类社会，就是说做人要讲信用，说话要算话。信用是人的立世之根，守不住这个根本，就算他对天发誓，也没有人会信任他。想要赢得世人的尊重和信任，就不要信口开河、胡说八道。做事与做人，都得从说话算数做起。

正善治，是说水是最平的，所以有“水平”一词，施政也要效法水，一碗水端平。所谓“水火无情”，也可以用在这里，即一切唯法是从，不以个人的意志为转移。“法”里面有个“去”字，就是要我们去伪存真、去恶扬善。

事善能，是说水的功能众多，人要效法水，练就多种本事。“事善能”就水而言，是说水除了滋养万物外，还可以清洗、溶解、冲刷、行船……就人而言，则是说人要尽量一专多能，既要懂技术，又要懂销售，还要善于争取资源，不能空有理想，一无长技。

动善时，是说一个人即使像水一样，有着千般本事、万种能力，但在具体运用时，也应合理把握时机。这也是一个说起来容易做起来难的问题。能否把握住合适的时机，取决于个人的眼光和阅历。眼光和阅历不够，又不懂得向别人请教，就容易在错误的时间、错误的地点，办下错误的事情。然而眼光或阅历并没有一定之规，向别人请教，别人也未必告诉我们实情，所以老子把“动善时”放在最后是有深意的，也就是说，动善时也好，自我完善也罢，都是没有止境的，我们能做的只有不断用心、用功而已。

儒家论水

- **毅力**——水从泉眼中奔流而出，日夜不停，好比有毅力的人。
- **公平**——水先注满水沟，然后再向前流淌，好比执掌公平的人。
- **明察**——水向着低下之处流淌，不遗漏每个小的间隙，好比明察秋毫之人。
- **智慧**——水在山谷里穿行，从不会迷失自己，奔流万里也要到达目的地，好比智者。
- **知命**——用堤坝把水拦住，水就会变得很清澈，好比知晓天命之人。
- **善化**——把不干净的东西放在水里，出来的时候就会变得干净，好比善于教化的人。
- **勇敢**——水流向千丈高的沟壑时，丝毫不会迟疑，好比勇者。
- **威武**——万物都怕火，只有水能胜火，好比威武之士。
- **德行**——万物得水则生，离水则死，好比有德之人。

为学日益，为道日损

吾生也有涯，而知也无涯。以有涯随无涯，殆已！

上一辈子的小学，也还是个小学生。到大学里学小学的东西，还是个小学生。

智慧高的人，知识越多越好，因为他能善用他的知识。智慧低的人，知识越多越有害，因为他会受困于他的知识。

前些年，有一本名叫《断舍离》的畅销书，卖得特别火。

那么，它的内核是什么呢?

作者山下英子表示，所谓“断舍离”，就是强调万事万物既要讲究输入，也要讲究输出。她还坦言，其理念主要来自《道德经》中的“为学日益，为道日损”。

“为学日益，为道日损”，不仅深深影响了山下英子，也影响了很多古圣先贤，所以人们又称它为“经中之经”，也就是《道德经》的总核心。

“为学日益”不必解释，好好学习、天天向上嘛，开卷总是有益的。

“为道日损”则比较费解，很多人甚至一看到“损”字，就感到特别的别扭，于是敬而远之。

其实大可不必。想想看，如果让你损掉的是烦恼、债务、疾病、灾祸、捉襟见肘和分身乏术，那有什么不好呢？

我们来看一个案例：

某公司在招聘时，给所有应聘者提了一个问题：

在一个风雨交加的晚上，你开着一辆车经过一个车站，车站中有3个人正在等公交车，他们都非常希望能搭你的车。其中一位是医生，曾经救过你的命；一位是美女，像极了你的梦中情人；还有一位是老人，由于等车时间太久，心脏病突发，必须立即送往医院。但你的车只能坐一个人，这时候你应该怎么办？并说明理由。

很多应聘者都选择了让老人上车——因为老人快要死了，救人要紧。

部分感恩型的应聘者认为，应该让医生上车，因为他救过自己，这可是报答他的好机会。

极少数人提出让美女上车，理由是医生可以改日报答，老人可以由其他人送往医院，而美女可遇不可求，不容错过。

最终，只有一位年轻人被录取。他只说了三句话——把车钥匙给医生，让他带老人去医院，我留下来陪美女等公交车。

不得不说，这是最好的回答。那么大多数人为什么没想到呢？关键就在于，他们从一开始就没有考虑过放弃自己的车钥匙，只是想着在现有的基础上，能否再获得些什么。这把车钥匙，考验的是整体意识，也是一把考验良知和智慧的钥匙。

女人的衣柜里永远少一件衣服，如果她不懂得用美德装饰自己。

男人的钱包里永远少一张支票，如果他不懂得减损自己的欲望。

人要学会做减法，因为人生从本质上说，就是个自减的过程。人也就活三万来天，每天都是二十四小时，干了这个就干不了那个，不懂得取舍，别说“为道”，就是单纯“为学”，效果也不会太好。

哲学家邱斯顿说过：“天使之所以能够飞翔，是因为他们有着轻盈的人生态度。”对普通人来说，可以追求，也应该追求，不然老子就不会把“为学日益，为道日损”放在一起了。但我们追求的时候，淡然一些，轻盈一些，岂不更好？

柳宗元曾经写过一篇《蝜蝂传》，蝜蝂是一种小虫子，生来喜欢背负东西。有人可怜它，替它去掉了背负的东西，可蝜蝂总是会把那些东西再次背上。加上它们喜欢往高处爬，即使用尽力气也不肯罢休，结果只能疲累而死。

断舍离的五个维度

- **物——**整理物品，清理空间，淘汰过时的东西，扔掉没用的东西，别再买类似的东西。
- **食——**控制饮食，改变饮食观念，食少食精，在可以承受的前提下轻断食，清理身体。
- **气——**清理房间，宁简勿繁，让空气通畅，形成新的能量场。
- **心——**时刻觉察，不念过往，不负当下，不畏将来。多读经典，滋养身心。
- **念——**先以一念代万念，再以无念代有念，清理小我，放下我执，去体悟更高的境界。

能不能成事看能力，能够走多远看德行

德若水之源，才若水之波。

没什么别没品，缺什么别缺德。

道德可以弥补智慧上的缺陷，但智慧永远弥补不了道德上的缺陷。

什么是德？

古人认为，“德者得也”，也就是说，德行的“德”，就是获得的“得”，二者是一回事。

对此，很多人不能理解。

有人会说，我也很有德啊，我怎么没获得呢？

也有人会说，那些没有德行、人品不好的人，不是也成功了吗？

其实，令人有这些疑问是先哲在“德者得也”这四个字里面挖了个陷阱，少放了一个主语所致。换句话说，一个人有没有德，不取决于他自己是否能得到，而取决于他身边的人能否得到。

用曾仕强先生的话说就是跟你在一起的人，都得到一些好处，你就有德了；跟你在一起的人，都损失了一点，你就缺德了。有钱没钱是一回事，当不当官是一回事，发不发财又是一回事，最根本的问题就是别人跟你在一起时，你是让别人有所得，还是有所失。

孔子说：“德之不修，学之不讲，闻义不能徙，不善不能改，是吾忧也。”意思是说，不修德，不好学，不行义，不改过，是孔子所忧虑的事。其中，又以不修德最为紧要，所以孔子把它放在最前面，这是他的大智慧，他抓住人生的实质，也点到了命运的要害。一个好德的人，他不可能不好学、不行义、不改过。

《止学》中说：“服人者德也。德之不修，其才必曲，其人非善矣。”想让别人信服自己，必须有德。不修德，人就不会走正道，就不会成为好人，当然也不会有什么好下场。

讲一个发生在笔者老家的轶事：

二十多年前，邻村一个叫王二的青年，在县城开了一家饺子馆。一开始，王二及家人兢兢业业，起早贪黑，不仅食材用最好、最新鲜的，而且真正做到了物美价廉且卫生。很快，来店里用餐的人越来越多，还有好多人专门来买生饺子，自己回家煮。

后来，一个来观光的日本人吃过王二的饺子后，还主动提出与他合作，生产速冻饺子，销往日本。这样一来，生意自然是更好了，生产却成了问题，因为人手不够。但这并不是问题，老家最不缺的就是廉价劳动力，包饺子又不是什么技术活，只需每月给上一两千元的工资，要多少人有多少人。但王二为了尽量少招人，多赚钱，充分发挥了自己的“聪明才智”，他想来想去，想了一个非常恶心的创意：去二手市场买了几台二手洗衣机，用来拌馅！

如果仅仅是这样，还不能证明王二的愚蠢。他就像很多自认为聪明的人一样，居然恬不知耻地当众吹嘘自己的“创意”！这下可好，没多久，全县都传遍了，最后连工商局都听到了传闻，准备查封饺子馆时，王二还振振有词地说："我这都经过严格消毒了！"

事情确实像王二所说的那样，经过严格消毒之后，二手洗衣机拌出的饺子馅，并不会对消费者的身体健康造成实质影响，但精神损失也是损失，心灵创伤也是创伤。别的不说，现在我回到县城，宁可饿着，也不吃饺子，不管它卫不卫生！

万物都有它的位置，也都有它匹配的功用。有的科普文章说，我们日常用的砧板，上面的细菌比马桶盖上的细菌还多，但即使是这样，也没有人会用马桶盖切菜，不是吗？

古人讲，"德不配位，必有灾殃"，不修德，就难免闹出马桶盖上切菜的笑话，就难免诞生用二手洗衣机拌馅的"精英"。道德是人生的基本功，一个做人都东倒西歪的人，我告诉你他能基业长青，你也不信。因为我们都知道，一个做人有问题的人，长久成功，天理难容。

比能力更重要的四种品质

- **心态**

拥有好的心态意味着拥有良好的情绪管控能力和对世界的理性认知，意味着一个人不会意气用事，更不会破罐子破摔，从而比其他人更容易把握命运与机会。

- **底蕴**

很多人年轻时会因为运气好赚一些小钱，但他们当中的大多数人都不能把好运持续下去，往往是人到中年就开始败落下来，这通常都是缺乏底蕴所致。所以真正厉害的人都是终身学习者，那些世家大族看重与传承的，也是文化底蕴。

- **格局**

格局的要义，在于让人明白对你来说什么是最重要的。格局大的人，能把自己放在整个时代背景下思考问题，且能以第三者的视角审视自己，所以他们很容易突破内在障碍，从而更好地定义自己，成就自己。

- **可靠性**

可靠是一种宝贵的品质。所以一定要养成一流的人品，当你成为一个“只要是你讲的，我就信”的可靠之人，你其实就已经拥有了这个世界上最重要的财富。

把住一部书，用良知去印证

读好书，好读书，读书好。

读书欲精不欲博，用心欲专不欲杂。

读一本好书，就是和许多高尚的人谈话。

自诩为“法外狂徒”的罗翔老师，曾经有过一个灵魂拷问：“假设图书馆里只能留一本书，留给你的子孙后代，而你有三个选项，A是小黄书，B是郭德纲的相声，C是《莎士比亚》，你怎么选？”

罗翔老师的答案是C。他是以快乐为切入点具体阐释的，只有C属于高级的快乐，而我们之所以读书、行路，就是希望能够不断地获得高级快乐。

这么说，不是为了向大家推荐《莎士比亚》。尽管它也很经典，但单田芳先生讲过“分跟谁比”，特别是当我们谈修养的时候，读《莎士比亚》几乎等同于缘木求鱼，在这个层面，有时候它甚至还不如郭德纲的相声，因为后者偶尔还会触及传统文化，给我们一种笑声中的洗礼。

如果你真的想往高层次上走，你必须杜绝A，看淡B，超越C，找到D。

D是什么？很简单，D就是“道”的缩写嘛！

道是超越知识的存在，也是超越文学、艺术、哲学乃至教育的存在。

我们所说的“把住一部书”，显然也是指《论语》《道德经》一类的伟大作品。

以《论语》为例，有一次孔子问子贡：“你以为我是因为博学而有见识的吗？”子贡说：“难道不是吗？”孔子说：“非也，予一以贯之。”意思是说，不是的，是因为我用一个根本的东西把所有的学问贯穿起来了。这个东西是什么呢？就是道。孔子说，“吾十有五而志于学”，学的也是道，而不是普通的学问。否则的话，15岁前的孔子也太顽劣了些。

有人会说，你总是举些古代的例子，而且大而无当，这能解决现在的企业经营、管理、产品设计等问题吗？

当然能。

我们讲讲乔布斯的故事：

乔布斯醉心禅学，禅让乔布斯拥有了洞见本质的能力、对事物专注的能力和对简洁的热爱，也让他开创和缔造了智能手机时代，给我们的生活带来了翻天覆地的变化，让我们可以单凭一部手机，做到很多之前根本无法做到的事情。所以，伴随着乔布斯的大热，硅谷还兴起了禅修热。

再说点具体的。乔布斯的办公室有两百多平方米，但里面几乎什么都没有。房间里最重要的东西，是中间的一个坐垫。在决策新产品时，他会一个人坐在坐垫上，闭眼冥想，身前的地板上呈半圆形放着几款样品，等他结束静坐，睁开眼睛，他就凭直觉从中拿起一款，这就是苹果即将推出的新品。这看起来很不负责任，过于儿戏，但再次被市场证明是明智且正确的。

有人会说，我也学习过传统文化呀，我也学过《论语》，也读过《道德经》，也念过《庄子》，我怎么没那么厉害呢？

首先，读过不等于读懂；其次，明白不等于践行；再次，践行不等于到位；最后，一方面到位，不等于全方面到位。所以，就不能靠读经典包打天下。

四手信息

读书无非是为了获取信息，而信息可以划分为一手信息、二手信息、三手信息和四手信息，这就是四手信息论。

- 一手信息，指的是各种信息真正的源头，像各种行业的期刊论文、最新的调研数据等，
- 二手信息，指的是忠实转述的一手信息，能标明出处的知识。像维基百科的知识点、名校的教科书，以及一些经典书籍。
- 三手信息，指的是信息已经转化成了方便大众理解的文字，比如很多人熟悉的“一万小时理论”和“刻意练习”理念，它们都是建立在相应的一手信息或二手信息之上的。
- 四手信息，指的是根据各种畅销书理论知识所写的个人体验，这种就是我们现在屡见不鲜的各种自媒体文章。

第五章

礼仪形象

你的形象价值百万

人们喜欢济公，但仅限于故事里的

人靠衣服马靠鞍，一看长相二看穿。

先敬罗衣后敬人，先敬皮囊再敬魂。

没有人愿意通过你邋遢的外表，去了解你高贵的灵魂。

如果把两本书放在你面前，内容不甚了了，光凭装订与封面，你会不会选择外表更好看的那一本？也许大多数人的答案都是“会”。当一切背景条件都一致时，人们会自然而然地选择那些更具吸引力的东西，这是人性使然。

做人也是这样。很多人都喜欢故事里的济公，但如果济公真的邋里邋遢地出现在他们面前，除非是极有修养，否则大多数人都不免会表露出些许厌烦。人们不喜欢现实生活中外表邋遢的济公，即便喜欢，也希望他能在外在上有所改变。

有一个关于但丁的小故事：

有一天，但丁受邀参加国宴。他的穿着很普通，甚至还有些破旧、邋遢，结果一进去就被安排在了角落里，整个过程都无人问津。

不久，但丁再次受邀。这一次，他身穿华服，佩戴美饰，结果立即被安排在了贵宾席。

吃饭时，但丁突然把美酒倾倒在自己的衣服上，国王惊得目瞪口呆，但丁说："没什么好奇怪的，我是因为这套衣服才被礼遇的，可见被邀请的是衣服，而不是我本人！"

这个故事的本意，或许是想告诉世人"不要以貌取人"，但细细想来，但丁自己也有问题，别人对他的怠慢，源自他对别人的怠慢，明知道是参加国宴，为什么不注重一下衣着打扮？

曾仕强先生也说过："不要讽刺别人'只认衣衫不认人'，一个人如果懂得反求诸己，就懂得错在自己。"如果你是宅在家里的自由职业者，那你爱穿什么就穿什么，据说穿得随意些可能还有助于创作，加拿大还有位作家专门写过一本书，就叫《穿睡衣的作家》。但你若是参加新书发布会、读者见面会，就得有个作家的样子，就得遵守社交的礼仪。

心理学中有个原理叫"晕轮效应"，也叫"光环效应"，它强调的是第一印象，指一个人一旦对他人的某种特征形成初步印象，就会下意识地据此得出以点概面或以偏概全的主观印象。就衣着打扮而言，那些穿着得体的人，更容易被赋予一些美好的特质，比如自律、专业、正派、靠谱等。

在中国传统文化中，服饰的功用除了保暖与遮身，还被上升到了"礼"的高度，什么样的人穿什么样的衣服，什么样的场合穿什么样的衣服，都有着严格规定。上古时代还有一种刑罚，在人犯了罪后，并不给予实际的处罚，只是在他的衣服上画个标记，就足够使他羞愧难当，悔过向善。换句话说，一个人不重视自己的衣着打扮，相当于给自己画了个不好的标记，贴了个不好的标签，这就怪不得别人戴着有色眼镜看他了。

《弟子规》中这样写道：“冠必正，纽必结。袜与履，俱紧切。”说的是一个人在出门前，帽子、衣服、鞋袜都要穿戴平整，这是自律的彰显，也是对他人的尊重。这是对弟子的要求，更是对师者的要求。

以叶嘉莹先生为例，她不仅名满天下，著作等身，还被称为“最后一位‘穿裙子的士’”。她早年在台北教学，后来的著名诗人席慕蓉是她的学生之一。席慕蓉曾说：“年轻时听叶老师讲课，觉得老师就是个发光体。只要叶先生站在那里，就是一首活生生的诗。”那时的叶先生也年轻，每次上课前，她都会把头发仔仔细细地梳好，把旗袍熨得平平整整，一丝不苟，从不懈怠。因为在她心目中，那一方讲台是她的舞台，也是她育人的战场。她重视自己教授的诗文，也尊重自己教授的学生，所以注重言传身教，用美去传达美，用心去影响心。

礼仪的七个原则

- **律己**

这是礼仪的基础和出发点，主要指自我要求、自我约束、自我控制、自我反省与自我检点。

- **敬人**

这是礼仪的重点和核心，常存敬人之心，就等于掌握了礼仪的灵魂。

- **宽容**

要在严于律己的基础上，多容忍他人，多体谅他人，多理解他人，不可求全责备，切忌斤斤计较、过度苛求。

- **平等**

指对所有人一视同仁，给予同等的礼遇，不能因为交往对象在年龄、文化、身份、财富等诸多方面有所不同而厚此薄彼。

- **真诚**

真诚是最深的“套路”，善良是最高的情商。与人交往，务必建立在真诚的基础上，言行一致，表里如一。

- **适度**

礼仪要遵循适度原则，要根据具体的对象和环境，把握分寸，注重技巧，不能给对方制造压力。

- **从俗**

要注意阶层、文化、信仰与国情的不同，做到入乡随俗，切勿目中无人，自以为是。

不注重形象，有卧龙的地方未必有凤雏

形象是敲门砖，能力是入场券，修养是通行证。

形象对成功者而言，是一个终身受益的法宝。

这是一个两分钟的世界，你只有一分钟展示给人们你是谁，另一分钟让他们喜欢你。

卧龙、凤雏，就是诸葛亮与庞统。

在《三国演义》中，二人在出山前是齐名的，即所谓“卧龙、凤雏，得一人可安天下”，后来二人都进了刘备的阵营，但刘备对他们的态度，却截然不同。

对待诸葛亮，刘备三顾茅庐，不仅一出山就拜他为军师，极为礼遇，还发挥自己的特长，给他编了个斗笠，搞得关张二人都心生妒忌。

而庞统，虽说他巧献连环计，间接破了曹操的大军，帮了刘备大忙，但他拿着诸葛亮的荐书去找刘备时，刘备却只让他当了个耒阳县令，而且是“试守”，相当于试用。要不是张飞误打误撞，逼着庞统秀了一波才华，凤雏可能连惨死落凤坡的机会都没有。

庞统肯定是有才华的，但他属于内秀型选手，长相没有加分的地方，甚至很难看，又很有个性，因此刘备一开始不喜欢他。

而诸葛亮，不仅有颜值，“身长八尺，面如冠玉”，还特别注重形象，“头戴纶巾，身披鹤氅，飘飘然有神仙之概”。换你是刘备，你估计也会心中暗喜，道一句“果然名不虚传”！

有人会说，诸葛亮天生长得好看，庞统天生颜值低，如之奈何？其实不然。曾仕强先生有个理论，叫“一表人才，两套西装”。所谓“一表人才”，大体上就是好的第一印象，形象很好，即使他实质上是个草包，但是至少看起来是个聪明人，这无疑是一种优势。而“两套西装”，则专指后天附加的东西，比如穿衣戴帽，而且不是附加一点点，是“两套”，言下之意就是要引起重视，真的拿它当回事，因为这也是本钱。以庞统为例，长相是父母给的，谁都无可奈何，但气质可以自己练，脾气可以自己练，没有“一表人才”，就更应该多备“几套西装”，把自己的弱项弥补一下。

我们再来看一个现代的例子：

我有一位“90后”朋友，小伙子年轻有为，网络营销做得很棒。前两年，有一家公司想挖他，创始人也很真诚，直接从深圳飞到北京找他聊，他当时也有换工作的意向，所以很重视这次面谈。

但是一见面，他马上产生了一种感觉：真没必要……对方的年收入也有上千万了，却只穿了一身廉价且不合身的淘宝男装，发型也仅比杀马特好一点儿……虽然事情谈得很顺利，对方给出的待遇也很高，但他还是选择了拒绝。

我问为什么，朋友一本正经地回答：“穿衣打扮亮家当，穿在身上的不仅是衣服，还是你的价值喜好、生活方式、审美品位、性格教养。他不是不好，我也不是以貌取人，更不是瞧不起他，只是物以类聚，人以群分，我觉得跟他相处不会太愉快，我不喜欢他那样的调性，勉强他或者勉强我，都是一种痛苦，也没有必要。”

我这位朋友对自己是有要求的，其实越有能力的人，对自己的要求越高。而他们对自己的要求，实际上也是对他人的要求。人与人相处，本质上就是一个互相筛选的过程。我们不能过于苛求他人，但又不能要求别人对我们不苛求。如果我们具备了核心竞争力，就没必要败在一两套西装上；如果我们暂时还不具备，就多备几套西装。

“男三女四”必备服饰

- **男士必备三套正装**

一是黑色西装 + 白色衬衫 + 红黑领带 + 黑色皮鞋，彰显沉稳与庄重。二是深蓝西装 + 浅蓝衬衫 + 深蓝领带 + 深色皮鞋，不失简约与质朴。三是灰色西装 + 暗灰衬衫 + 银灰领带 + 深色皮鞋，凸显高雅与格调。

- **女士必备四种穿搭**

一是西装套装，包括一件西装外套和一条配套的裙子或裤子，颜色以黑色、深蓝色或灰色为宜。二是连衣裙，适合一些较为正式但不需要穿西装的场合，颜色和款式以简洁、优雅为宜。三是衬衫 + 裙子或裤子，只要不太花哨，都是常见的正装搭配。四是晚礼服，如需参加正式的晚宴或舞会，女性应穿着晚礼服，款式与颜色尽量低调些。

让别人看不上眼，自己有相当大的责任

善不是一种学问，而是一种行为。

自觉心是进步之母，自贱心是堕落之源，故自觉心不可无，自贱心不可有。

在缺乏教养的人身上，勇敢会变成粗暴，学识会变成迂腐，机智会变成逗趣，质朴会变成粗鲁，温厚会变成谄媚。

古希腊有位政治家叫菲洛佩门，据说有一次，他去别人家做客，比约定的时间早到些，当时男主人还没回来，女主人又不认识他，他那天穿得也不像贵族，结果被女主人误认为是跟班，便打发他去帮女仆做点儿杂事。不久，男主人回来了，见他正在做杂活，感到很惊讶，便问他在干什么。他幽默地答道："我在为我的邋遢赎罪！"

菲洛佩门的话是一种自嘲，也是一种提醒，那就是让别人看不上眼，其实自己也有很大的责任。我们总有一种误解，认为修养重在修心，这是没错的，但外在的修养也是修养，而且同样不可或缺。

就个人形象而言，人们常说，"佛要金装，人要衣装"。佛像不镀金，无非是木雕泥塑，缺少光彩。普通人不修饰，自己照镜子都觉得没精神，别人看着你也没精神，哪里还会有恭敬心呢？

我们常说，不要以貌取人，不要先敬罗衣后敬人，但反过来说，这恰好证明我们平日里是多么以貌取人。但这不一定是歧视，相关研究表明，那些不注重形象的人，往往比普通人更难克制自己，所以衣衫不整的人很难赢得别人的信任；而办公桌又脏又乱的人，工作中也容易出错，因为他在触手可及的范围内都无法做到兢兢业业，即使能取得好结果，多半也是偶然。最重要的是，他不愿意在触手可及的范围内做出改变，因此不能对他有任何过高的期望。即使是本人很邋遢的老板，也不会喜欢那些邋里邋遢的应聘者。

杨澜曾经讲过自己的一段经历：

当年，杨澜在国外游学期间，由于穿着随意，被一个面试官拒之门外，回家后跟房东吐槽，又被房东指出“打扮不精致”。她非常郁闷，直接在睡衣外面裹了一件厚外套，满脸怒气地冲进了一家咖啡店。

侍者把她引到一个空位，对面坐着一位老妇人，衣着得体，举止端庄，正在优雅地喝着咖啡。过了一会儿，老妇人起身离座，默默地塞给杨澜一张小纸条：“洗手间在你的前面，右转即是。”

杨澜满面羞愧，当即了然：“我这样的形象，既不尊重自己，也不尊重别人啊！”

杨澜还曾经说过：“你可以不成功，但不能不成长。”成长可以是多方面的，每一个微小的细节，都可能是修养的纰漏。特别是对主持人、律师等专业人士来说，着装还是其专业的一部分，穿着不正式，必然影响观感，进而影响形象与印象，让人怀疑他的能力与价值，降低其声誉。

此外，它还牵涉态度问题。有些人一听到颜值与衣品等词汇就很激动，直斥肤浅。然而，很多人的问题并不是颜值过低或者衣服售价太低，而是不善打理，也懒得打理。懒得打理外形的人，未必是因为忙于工作或其他，他们只是单纯的懒，然后在此基础上引发了脏乱差而已。而说到肤浅，只看脸、只注重身材的人才叫肤浅，而形象是具备可塑性的，是需要努力和花费心思的，认可这种可塑性不算肤浅。又有人说，这是一个看脸的时代，与其这么说，还不如说这是一个对审美有要求的时代。既然如此，我们为什么不与时俱进一点，让自己由内到外，都变得更精致一些呢?

穿衣识人十二条

- 衣着简单朴素的人，性格比较沉稳，为人比较真诚。但过分朴素就不太好了，说明此人缺乏主体意识，软弱且容易屈服于别人。
- 服装色调单一的人，比较正直、刚强，理性优于感性。
- 喜欢穿淡色衣服的人，大多活泼、健谈，喜欢结交朋友。
- 喜欢穿深色衣服的人，大多沉默、稳重，显得城府很深，常有意外之举，让人捉摸不定。
- 着装五颜六色、设计样式繁杂，穿衣花里胡哨的人，虚荣心比较强，爱表现自己，通常很任性，甚至飞扬跋扈。
- 喜欢穿过于华丽的衣服的人，具有很强的虚荣心和自我显示欲，金钱欲望较重。

- 喜欢穿流行时装的人，最大的特点是没有自己的主见，大多情绪不稳定，且无法安分守己。
- 从不赶时髦的人，一般独立性比较强，有果断的决策力。
- 喜欢穿短袖的人大多放荡不羁，喜欢穿长袖的人往往比较传统和保守。
- 喜欢穿白T恤的人,大多是独立的人,不会轻易向世俗低头。喜欢穿彩T恤的人，通常比较内向，甘于平庸和普通，但富有同情心。
- 喜欢T恤上印有明星头像及相关元素的人，大多是追星族。喜欢在T恤上印学校名称或大企业的标志的人，一般比较希望他人知晓自己的身份，且对相关单位和企业有一定感情。
- 喜欢白色的人缺乏主动性，喜欢蓝色的人执行力不足，喜欢红色的人容易冲动，喜欢紫红色的人缺乏自知之明，喜欢桃红色的人过于关注外在，喜欢紫色的人喜欢别出心裁，喜欢褐色的人踏实，喜欢黄绿色的人不细致，喜欢灰色的人缺乏勇气，喜欢绿色的人喜欢自由，喜欢橙色的人幽默。

爱笑的人，运气都不会太差

老板不要老板着脸，总裁不要总是裁人。

当一个人微笑时，世界便会爱上他。

美是力量，微笑是它的剑。

每个人都会笑，但很少有人注意到，笑其实是一种社交工具，一个人独处的时候是很少笑的，顶多只是面部微微一笑，那种真正意义上的笑与笑声，只有在与其他人共处的时候，才会出现。

科学研究表明，人在笑的时候，会牵动面部 13 块肌肉，而当人皱眉蹙额时，却要牵动 47 块面部肌肉。也许正因为如此，我们才会感觉到笑的时候快乐且自然吧！

科学研究还表明，婴儿在很小的时候就会朝父母痴痴地笑，为的是提醒父母，要时常想到他，别把他忘掉。婴儿在 4 个月左右，还没学会说第一句话之前，就已经能够发出笑声了。正常的婴儿是这样，耳聋或者失明的婴儿也是这样。

所以，那句名句“爱笑的女孩，运气都不会太差”是有道理的。爱笑，至少说明这个人想传达自己的友善。

泰戈尔也说：“当一个人微笑时，世界便会爱上他。”笑是什么？它是工具，也不是工具。它传达的是善意，展现的是魅力，彰显的是礼仪，愉悦的是气氛，明媚的是生活，对接的是财富。所以老话说，“不笑莫开店”，其实不止开店如此，做人做事，都不适合苦着一张脸。

有位投资人跟我讲过一件事：

有一次，我去参加一个比较特殊的晚宴。宴请我的人我并不认识，我认识他的父亲，以前还和他父亲合作过不少项目，但他父亲去世了，他成了继承人，于是我准备去安慰安慰他，顺便和他认识一下，谈谈新的项目。

见到这位新老板，看得出来，他费了一番功夫打扮自己，应该是想趁机崭露头角，给别人留个好印象。但是一聊天，我发现他一脸冷漠，始终收不住自己的傲气，就连微笑也是那种“职业笑容”，我倒不会不愉快，但这至少说明他还不成熟，所以我简单寒暄了几句，根本没聊新项目。

什么叫“职业笑容”？简单来说，就是不走心的笑容。有些人脸上经常挂着 “职业笑容”，表情僵硬，皮笑肉不笑，让人觉得敷衍，也感觉不自在。笑应该发自内心，而不仅仅是一件“礼貌的外衣”。

有人说，怎么才能发自内心地笑呢？无他，还是要从修身养性入手。如果你的内心充满了正能量，那你独处的时候脸上也会自然地挂上一抹笑意。你到哪里，发自内心的微笑就会到哪里。别人不说不知道，有好几次，我奇怪地问人家：“你怎么老对着我笑啊？”答曰：“是你先对我笑的！”

当然，笑不等于友善。《礼记》有言：“凡人大笑则露齿本，中笑则露齿，微笑则不见齿。”古人讲究含蓄之美，笑不露齿是礼貌，露齿大笑则是讥讽，所以古人用“齿冷”一词来表示有些人的某些行为让人耻笑。

笑声不同，寓意也不同。有人哼哼地笑，有人呵呵地笑，有人笑起来发出“哧哧”声；有人嘿嘿冷笑，有人哈哈大笑，有人放声狂笑；有人笑声刺耳，有人笑声多变，有人只是微笑但并不发出声音……我们要呵护好自己的内心，始终笑得真诚，笑得自然，也要善于识别各种不怀好意的笑声。

近年来，社交场上还流行一种“不＋微笑”策略。所谓“不＋微笑”策略，就是面带微笑地拒绝对方。这个策略经常被女士们用到，而且屡试不爽。因为这是一组相互矛盾的信号，微笑代表着友善与高兴，而“不”则是明确的拒绝，当这两个自相矛盾的信号同时出现时，会使对方陷入茫然的境地，从而不再纠缠。当你想拒绝对方的请求，又不想破坏双方的关系时，不妨试一下这个策略。

以笑识人十二条

● 哼哼地笑

这是想要忍住笑，又实在忍不住，最后只好通过鼻子来“笑”的结果，说明这样笑的人怕羞，很在意别人的感受，这种人通常细心、体贴、谦逊。

● 嘿嘿地笑

这属于冷笑的范畴，一个人总是冷笑，说明这个人属于阴险狡诈型。与这种人交往，尤其是做生意，很难取得让人满意的结果。

- **轻蔑地笑**

这种笑笑时鼻子向天，神情轻蔑地看着被笑的人。这样的人看似自视甚高，实则很自卑，时刻想通过贬低他人来抬高自己。

- **哈哈地笑**

这是一种高声的、爽朗的笑，这样笑的人通常讲义气，重感情，做事公平，不嫌贫爱富，不嫉妒别人，也不欺软怕硬，在人群中很受欢迎。

- **笑声柔和**

这样的人待人随和，遇事冷静，性格沉稳，比较明事理，也善于说理，能够很好地化解矛盾和纠纷，在大是大非面前能保持清醒。

- **经常发出不同笑声**

这样的人能根据不同的场合发出不同的笑声，大多比较现实，做事思维敏捷，适应环境的能力比较强。

- **只是微笑但并不发出声音**

这样的人大多内向，性情比较温柔，属于比较好相处的类型，但也容易情绪化，容易被别人的情绪带动。

- **附和着别人笑**

这样的笑是慌张的，往往笑着笑着戛然而止，看别人继续笑，便也跟着继续笑。这是较自卑的表现，说明他们缺乏自信，笑也怕笑得不对。

- **偷偷地笑**

这样的人大多数是内向型，比较保守，不愿意在众人面前夸张地表现自己，多数时候都显得很腼腆。他们考虑问题十分周全，工作时心思缜密，对朋友的要求很高。

- **笑中带泪**

这类人具有真性情且有善心，他们通常乐观向上且胸无城府，会尽其所能地帮助别人。

- **笑不可支**

这类人大多性格开朗、乐善好施。他们总是把喜怒哀乐挂在脸上，为人直爽，做事不拘小节，大大咧咧，因此从来不缺朋友。

- **龇着牙笑**

这种人一般没有真情实感，因为龇着牙笑是一种很典型的假笑。如果一个人说着“别为此担心”之类的话却流露出这种表情，通常表明他们的真实想法恰好相反。

做主人时要好客，做客人时要知礼

没礼貌的人，就像没有门窗的房屋。

人无礼不立，事无礼不成，国无礼不宁。

礼仪是聪明人想出来的与愚人保持距离的一种策略。

古人说：“若要一日不得安，请客；若要一年不得安，盖房；若要一生不得安，娶姨太太。”抛开其他不谈，为什么请客会一日不得安呢？因为古人请客，通常都是把客人请到家里，从一大早就开始准备各种事情，客人来了之后又要好好招待，客人走了还要收拾打扫，可不一日不得安嘛！

即便是这样，中国人依然乐此不疲。子曰：“有朋自远方来，不亦乐乎？”一个人大老远地来看你，来找你，说明他认可你、欣赏你，至少对你不抵触、不反感，还想进一步了解你。主人热情地招待，尽地主之谊，不仅是一种回应，也是基本的礼仪。反过来说，如果有人邀请你去他家里做客，这本身就是一种好意，也是在信任你的前提下发出的邀请。没有人会邀请一个自己不信任也不喜欢的人进入自己的私人领域；他肯邀请你，要么意味着你们的关系到了一定的程度，要么意味着他想让你们的关系到一定程度。

中国人常说，“你就把这儿当成自己家”，这并不是客套，大多数中国人都是很实诚的，对待客人比对自己都好。为了让客人吃好喝好，那真是有条件要上，没条件创造条件也要上。

我们讲个历史故事，聊聊古人待客的极致：

陶渊明的曾祖父叫陶侃，他也是历史上的名人。但他出身低微，父亲又死得早，一开始只能当个小吏，相当于现在的临时工。由于他做得很好，不贪不占，还很敬业，慢慢地就有点小名气了，这引起了孝廉范逵的注意。

有一回，范逵途经陶家，就去拜访陶侃。陶侃实在是太穷了，时间又很仓促，家里没有任何东西待客。关键时刻，陶侃的母亲咔嚓一剪子，剪了自己的头发去换钱，买了一些酒菜。范逵非常满意，也非常感动，心想：“我吃的这是人家的头发啊，一定要回报，这个小伙子也值得回报！”不久，范逵就把陶侃引荐给了庐江太守张夔，陶侃被任命为督邮，又兼任县令，然后便平步青云，最终名垂青史。

有人会说，这不是请客吃饭的“老路子”吗？没错，中国人的事情，一向很复杂，都是掺和着办，试探着来。但是反过来想，难道一个外国人请另一个外国人吃顿饭，他就应该被打一顿吗？人性是普遍的，很多东西是共通的，外国人也需要交朋友，也需要遵循相应的路径和规矩。

做客九忌

- **不请自来**

事先没打招呼，就不要贸然拜访。安排时间的时候，不宜过早或过晚，能不吃饭就不吃饭，能不留宿就不留宿，能少麻烦别人就少麻烦别人。

- **一毛不拔**

去别人家做客，最好准备一些伴手礼，不要空手而去。尽量提前买好礼物，等到了对方的住所附近再买，会显得你没有诚意，过于随意。

- **提前到达**

工作中或者是别的约会提前一点到达，是守时和看重的象征，但到别人家中做客要稍微迟些，以便让主人更好地准备接待事宜，但不宜迟到 10 分钟以上。

- **时间过久**

初次拜访，大概停留一个小时就好。太长的话，可能会给主人造成困扰。即便熟识了，也要尊重别人的时间，不要影响主人办其他事宜。

- **品头论足**

不要对主人家的装修、装潢及其他饰品的品位提太多意见，即便对方主动请教，也要以夸为主，点到为止，否则很容易陷入僵局。

● **乱走乱动**

不要在别人家里乱走乱动，特别是卧室等较为私密的地方。看过的书或动过的东西要放归原位。

● **实话直说**

即便主人真的招待不周，未能尽地主之谊，也要体谅对方，切忌实话直说，尤其不能说出诸如“你做的饭实在是不好吃”之类的否定语言。

● **连吃带拿**

再好的朋友，也要有个度，习惯连吃带拿的人，最终会在社交上“吃不了兜着走”。

● **赖住不走**

有的人做客，不仅拖家带口，还赖住不走，严重影响别人的生活，没分寸不说，连脸面也没了。

没礼貌，比没能力更糟糕

以钱赠人，不如以礼待人。

有礼貌不一定有智慧，不礼貌则一定很愚蠢。

礼貌像个气垫，里面什么都没有，却能奇妙地减少颠簸。

能力重要，还是礼貌重要？

应该说，二者都很重要。如果既有能力，又有礼貌，则再好不过。

二者也不存在取舍的问题，完全没礼貌的人，恰如完全没能力的人。只不过越是出身底层，就越是强调能力；越是往上走，就会越来越注重礼貌。因为礼貌不仅是基本的礼仪，还是人品的彰显。人品好，没能力，还可以培养；有能力，但人品不好，则通常会被反噬。

陈丹青先生讲过这样一个例子：

我喜欢逛古董店。最近我到罗马旅游，找到两条专卖古董的大街，一家一家进去看。有一家店，我进去后就埋头看小雕塑、小文物，然后向一位很有风度的老先生问价钱。问了几件，老先生都说不卖。我问他为什么不卖，他才说："这是我的店，你进来了，不跟我打招呼，就在那里看，然后问我卖不卖，我不卖。"我很少脸红的，当时脸红到脖子，非常非常难为情，耳朵都热了，想起小时候。

这与他的小时候有什么干系呢？陈先生说，他小时候经常被大人训斥，不是因为顽皮、捣蛋、翻墙、砸东西等，而是因为没礼貌。所谓没礼貌，不是不尊敬人，而是不知道如何去尊敬人。很多人也是这样，没礼貌并不等同于人不好，只是不懂事而已。但你小时候、年轻时不懂礼貌，甚至粗鄙，都是情有可原的，可是岁数大了，依然没有礼貌，显然是个问题。

他还讲了一个令人忍俊不禁的小例子：

有一次，我在厕所里正撒尿，突然跑过来一个约莫二十四五岁的帅小伙，他站在我身后大声说："你是不是陈老师？我是从江西来的，你在江西插过队，我要跟你照个相。"我非常尴尬，因为我正在撒尿。

出了厕所，他早已准备好了照相机，把我像人质一样一把夹住，不由分说就拍照。这种情况我遇到过不止一次，虽然不是每次都在撒尿，但每次都是一上来就拍照，拍完就走，然后跟人说："你看！我跟陈老师合影了！"

这种没礼貌，是一种有心机的没礼貌，行话叫"混个脸熟"。也就是说，只要他们认为你有价值，或者有必要认识，就一定要强行认识一下，不管你同不同意，也不管你有没有准备好。恰如电视节目中所讽刺的："我不要你以为，我要我以为！"

恰如陈先生所言，这些都是非常小的事情，可所谓教养与礼貌，全看小事情。反过来说，能把所有小事情一一做到，亦非凡人。康德有言，在这个世界上，有两种东西值得我们仰望终生：一是头顶的星空，二是心中的道德律。那康德是怎么做的呢？这里仅举一例。康德离世前，医生来探望他，他马上努力起身相迎，等医生坐定后才躺下。医生劝他不必客气，康德稍微休息了一下，然后调动全身力气，含糊不清地说出了此生最后一句哲理：“对人的尊重还没有离我而去！”换言之，对人的尊重，是支撑礼貌的台基。

现代人说到“礼貌”，总觉得它不是什么大词，不能与“人品”“修养”相提并论，所以会从心理上把它看轻。其实这是一种误读，礼貌远不是说几句礼貌用语那么简单。孟子有言：“礼貌未衰，言弗行也，则去之。”礼即礼遇，貌即敬重与恭敬。做不到这一点，让孟子做官，他都不会去。

说到底，礼貌源于内心的价值取向，是对别人的尊重，也是对自己的尊重。中国素有“礼仪之邦”的美誉，国人理应加倍珍惜。

社交九忌

- **没大没小**

没大没小是不尊重长辈的代名词，也是没教养的最直观表现，可以先从早晚问候家中长辈学起。

- **距离太近**

人与人之间的礼貌距离是 1 米以上，离得太近会让人觉得不舒服，甚至产生压迫感。

- **握手不放**

有些男士与女士握手时，时间稍长，力度稍大，有猥琐之嫌。

- **动作夸张**

不要用过于夸张的动作表达你的热情，比如拍打对方的肩背，免得对方诧异和反感。

- **指手画脚**

有的人与他人交谈时喜欢指手画脚，手舞足蹈，表情与情绪也相应地失当，很不礼貌。

- **揭人隐私**

打人不打脸，骂人不揭短，讨论别人的隐私，也是欠缺修养的表现。

- **脏话不断**

有人会习惯性地说脏话，生气了说，高兴了也说，无形当中拉低了自己的形象。

- **乱开黄腔**

开黄腔的本意是说外行话，现在则指讲黄色笑话，这不仅是没素质的表现，严重时还会被定义为性骚扰，不可不戒。

- **卫生球眼**

这也就是翻白眼，它传达的是厌恶、不适、沮丧或愤怒的情绪，在传统文化中是很不尊重别人的行为，“竹林七贤”中的阮籍就以乱丢卫生球眼知名。

真实最美，装模作样不是礼仪

一斤重的真诚，等于一吨重的聪明。
蚜虫吃青草，锈吃铁，虚伪吃灵魂。
善良的脸是推荐信，诚实的心是信用证。

本章开篇时我们谈到，“人们喜欢济公，但仅限于故事里的”，这一方面是提醒世人，要避免济公式的尴尬，适当注意点儿外在形象；同时，也是从反方面提醒大家，人们喜欢济公，主要是喜欢他的内在。

修养也好，礼仪也罢，都是分层次的。历史上有一个“知仪不知礼”的典故，可以让我们更好地理解“礼仪”一词。

话说鲁昭公在位时，有一次，去晋国朝拜晋平公。整个过程中，鲁昭公表现得很好，晋平公非常赞赏地对一位大臣说：“鲁君年纪轻轻，但是很知礼啊！”那个大臣却说：“他只知道‘仪’，并不知道‘礼’。礼是用来守护邦国、维护世道、安顿人心的东西，现在鲁国大权旁落，他身为国君，不想办法解决本质问题，却还在学习这些琐屑的外交礼节，哪里算得上知礼呢？”

在今天人看来，“礼”与“仪”是一回事，但是在古代，礼是礼，仪是仪。前者是内核与本质，后者是形式与功用，二者应该并重。若一定要有所舍弃的话，肯定要舍弃后者。因为有礼无仪，礼尚能存；有仪无礼，仪只是空架子。

空架子，就是脸上也有微笑，身体也在拥抱，但心里盘算的是另外一套，像契诃夫说的“套子里的人”。我讲一个小例子：

我有位朋友，他很有才，看上去也彬彬有礼，但或许是因为家庭负担重，所以有点儿抠。但凡我俩吃饭，基本上是我付款。好不容易他要付款时，却告诉我要AA，于是我索性全付了。

有一次，我应邀去他家做客，去了一看，屋里全是熟人，所以聊得很嗨。正聊着，我突然收到一条短信，发消息的人正是我这位朋友，消息内容则是：“你会做饭吗？”我当时很不理解，为什么他不用微信而用短信，而且他当时就坐在我的对面且距离不超过半米，为什么不直接跟我说？

他这是什么意思呢？我当时只能想到，可能是要在家里请客，这么多人，得做不少菜，他忙不过来，想让我打打下手。但不一会儿，他便招呼大家到附近的饭店用餐，大家边吃边聊，我很快忘了这事。回家的路上，我又想起了他的短信，恰好与另一人同路，就当作谈资聊起来。结果对方哈哈大笑，说这你还不明白吗？这是想让你买单的意思。如果你了解他，你马上就会说别在家吃了，出去吃吧，我请客，这一招他对好几个人都用过了！

经他这么一说，我忽然意识到，此君哪里是有点儿抠那么简单啊，他还有点儿假，有点儿狡黠……

有人会说，你这样写，不怕他对号入座吗？坦然地说，我问心无愧，而且他那么有才，这些年却始终没什么发展，很大程度上就是因为不能真诚待人，有人点醒他，总比他蹭蹬一生好。

形象的“三不法则”

- **不要浓妆艳抹**

腹有诗书气自华，与其迷恋化妆，总是浓妆艳抹，不如内外兼修，这样的美才是真实的美。

- **不要环佩叮当**

珠宝人人爱，但别把它们都戴在身上。有些人乐于炫耀，有些人宁可戴赝品也要环佩叮当，这是把自己的外在放在了非常重要的地位，而内心变得越发苍白。

- **不要装腔作势**

喜欢装腔作势的人，一般有较强的虚荣心。他们脱离了本真，丢掉了本我，为的是得到别人的肯定和尊重，结果却往往事与愿违，原因很简单，装腔作势是修养的反面，为人所不喜。

第六章

为人处世

说话有分寸，做事懂规矩

一开口，就知道你有没有水平

祸从口出，福从口入。

舌头是最坏的东西，也是最好的东西。

诽谤、造谣、诬蔑、中伤，都因它而起。

朋友、爱情、订单、机会，也因它而来。

读《三国演义》，很多人有这样一个困惑，刘备的武艺明显不如关羽、张飞，为什么他能做大哥？

其实很简单，刘备的综合能力更强。

比如，见到关羽和张飞打斗，别人都是凑热闹而已，他却马上想到："欲成大事，这二人岂不是好帮手？"于是走上前去，找机会分开二人，说："二位壮士俱身怀绝技，武艺惊人，佩服！佩服！"一句极富情商的话，说得两个人都很受用，这才有了接下来的路演成功、上市蜀中的后话。

现实生活中也不乏这样的例子：比如有个小伙子初次带女朋友回家，邻居看到后说："跟你爸一样会挑！"虽然这句话只有短短的几个字，却同时夸了四个人！谁听了不开心？

当然，我们也没少刷到过类似的段子，比如小伙子带着女朋友回家，邻居见到后说："嘿！又换女朋友啦？"即使他说的是实情，也只能证明他不会说话。这不是幽默，这也不是开玩笑的场合。

所谓“好人出在嘴上，好马出在腿上”，语言是君子的枢机，我们与人讲话，不可避免地要展现出自己的经验、学识和智商、情商。孔子最讨厌巧言令色，但“孔门四科”中也少不了一个言语科。无论你是来自清华北大，还是剑桥哈佛，也不管你是面对导师，还是面对企业领导，都需要通过语言快速展现自己的水平。

通常来说，你一开口，有经验的人就知道你有没有水平，知道你在哪个层次了，接下来要么让你回去等消息，要么进一步深谈，而这就是机会的分水岭。

赢得机会就可以了吗？不。一切才刚刚开始。

杨修是不是很聪明？能通过“鸡肋”二字准确猜中曹操的心思。他的智商很高，但基本没有情商，甚至于连职业操守都没有——怎么能泄露军机呢？不杀你杀谁！

一个人的话语，最能反映他的心思和脑筋，包括智商与情商，也包括修养。

朱载堉在《醒世词》里说：“天口最深藏，不明言，说短长。悄然默坐人头上。善也不表扬，恶也不毁伤。暗将祸福随人降。要提防，牙关最紧，略错怎禁当。”意思就是说，老天那么高明，也还要保持沉默。所以一定“要提防”，“牙关最紧，略错怎禁当”，沉默是金，你每说一句话，都要比沉默更有价值才行，否则，保持沉默就好。

朱载堉又说：“天耳最虚灵，叫不应，似痴聋。岂知就里无遮映。说好的也听，说歹的也听。暗里就把灾祥定。不作声，人间私语，闻得如雷鸣。”为什么明明是秦桧害死了岳飞，他的老婆王氏却要陪跪？主要是因为秦桧在杀岳飞前也有所忌惮，毕竟岳飞的威望很高，关键时刻王氏吹了一阵阴险的枕边风，促成了这桩千古奇冤。所谓“人间私语”，就是枕边风之类。所以那些爱吹枕边风的人要改改路子，调转风向，尽量把伴侣吹成孝子、君子，而不是吹成逆子、小人。

那么，朱载堉是谁？他是朱元璋最有才气的九世孙。他为什么要写《醒世词》？因为他要提醒自己。自己虽然是个王爷，但15岁那年不还是被贬为庶民了吗？34岁虽然又恢复了王爷身份，但伴君如伴虎，宫中最无常，话不能乱说，口不能不修。

需要修掉的七种话

● 绝话

事不可做尽，话不能说绝，像“我宁死也不会再见你”这样的话，会让我们处于尴尬被动的处境，没有回旋的余地。

● 狠话

说狠话是为了威胁别人，所以狠话通常都带有侵犯性，而这种侵犯性会让我们的人际关系陷入困局，祸从口出，自损八百。

● 脏话

有的人说脏话，不是为了攻击谁，只是为了加强语气，表达情绪，彰显个性，甚至是开玩笑，但脏话就是脏话，怎么洗也洗不白，所以切不可“出口成脏”。

● 怨话

抱怨是无能的表现，也是悲观的产物，是一种负能量。

没有人愿意当别人的情绪垃圾桶，习惯性地抱怨，逢人就说，既不能改变什么，也不招人待见。

- **绮语**

绮语包括两方面，一为花言巧语、阿谀奉承之类，二为轻浮无礼、不正经的话，前者涉嫌欺骗，后者涉嫌轻薄，都不是君子所言。

- **妄语**

妄语即撒谎、说瞎话，即使不是为了欺骗别人，也是为了掩饰自己。不能保持言语的真实性，也就不能保持社交的有效性，所以宁可不说，也不要说假话。

- **是非**

搬弄是非，在背后议论人，传播不实之言，或者说一些基于嫉妒心的风凉话等，极易引起争斗或不满，招人反感，也影响自身形象。

不沟通，就拿不到想要的结果

不怕吵大架，就怕不说话。

固执的代价就是辛苦且没有出路，沟通才能够打破人际关系的坚冰。

敢于沟通是勇气，愿意沟通是修养，逃避沟通是懦弱，拒绝沟通是无能。

你有没有遇到过这种情况：你辛辛苦苦地在微信上编辑了一大段措辞，点击发送，却发现对方把你拉黑了！

没错，有些人可以删除，也应该删除，省得浪费我们的心力资源。但如果对方是你的老板呢？是你的大客户呢？是你的家人呢？总不能一删了之吧？

你是不是也遇到过这种情况：因为一时生气，气急败坏地删了别人，事后又后悔，想再加回来，对方却再也不给你机会了。

其实，删除很简单，沟通也不难。就算难，就算沟通无效，也好过根本不沟通。起码你拿出了态度，展现了修养，付出了努力，就算拿不到结果，也能找到原因。

举个例子：

几年前，我的老板让我对接一位大客户。我信心满满，心想一定要拿下这个大客户的单子，但没聊几句，对方就不说话了。原因倒也简单，对方发来一个表格，让我填写，但这压根不应该由我来填写。沉默了大概一刻钟，我开始着急，老板要问我的话，我怎么回答啊？于是我硬着头皮，给对方发了一句毫无情商的话："您这么大的领导，不会为这种小事生气吧？"结果对方很快回复我说："让你们填写，是因为你们专业。"我马上说："是的，我考虑不周。"对方又来一句："赶紧填吧，填完好走下一步。"事情就这么解决了，后来这位客户还成了我的贵人，给我介绍了好多优质客户，反复强调我"会沟通"，真是令我哭笑不得。

当然，开场就把天聊"死"，本身就是一种失败。这有点类似于曾仕强先生讲过的"先说先死"，也就是没有调查就草率发言，结果还不如不说。不过曾先生又说，"先说先死"固然是事实，但"不说也死"。

曾先生还讲过一个工程师的故事：

厂长带客户参观一台设备，客户注意到设备上有个指示灯闪个不停，便询问厂长原因。厂长煞有介事地说："这是因为里面的液体快到临界点了，到临界点它就不闪了。"听起来也蛮有道理。结果一旁的工程师说："不是的，那个灯坏了！"

表面上看，问题出在鲁莽的工程师身上，非要在错误的时间与错误的地点说真话，后果却要厂长以及全厂人来承担。然而，如果厂长了解自己的工程师，并事先与之沟通，或者干脆把他调开，岂不比事后尴尬或开除他更好？

“沟通闭环”思维

职场人要有“沟通闭环”思维，即“凡事有交代，件件有着落，事事有回音”，它能保证我们有效沟通，拿到结果。

- 凡事有交代。如果你是交代者，那你一定要把事情交代清楚，不要让对方去猜。对方有不明白的，一定要及时回复，并提供积极的建议。如果你是被交代者，一定要多听、多问，确保领会对方的意图。
- 件件有着落。自己负责的事情，要积极跟进，不断反馈进展，让领导心中有数。让别人负责的事情，也要不断跟进，确保执行有力。
- 事事有回音。事情结束了，不管结果好坏，都要反馈结果，这叫有始有终。好的结果可以提炼要点，复制成功的经验。坏的结果也可以总结复盘，优化流程，为下一次成功做准备。

换一种说法，就是换一种活法

美言可以市尊，美行可以加人。

美好的言辞可以换来别人对你的尊重；美好的行为可以勉励他人。

不想把氛围搞砸，把生意搞砸，把关系和感情同时搞砸，那就赶紧换种方式说话。

如果有人跟你说："你会说话吗？"你会怎么想？

我不知道你会怎么想，但我知道包括我在内的很多人，都需要加强语言方面的修养。

语言是交际的工具，也是一门学问，一门功夫，一门艺术。如果你想搞砸一件事情，断绝一段关系，那么尽可能地横冲直撞就行，怎么爽就怎么怼。如果你不想破坏氛围，搞砸生意，伤害感情，就要好好地在语言上下功夫。

在语言上下功夫，很大程度上就是在修养上下功夫。因为嘴巴不过是输出的工具，心有所想，才会话从口出。有人喜欢拿"说话不经过大脑"为自己开脱，其实说话不经过大脑的人，说的就是他的直觉与心里话。

很多时候，是因为他脑子里既没知识，也没思路，更没有文化修养，过脑子也是白过。

举个例子：

20世纪70年代，有一对父子冬日在镇上摆摊卖便壶。父亲叫老张，在南街卖。儿子叫小张，在北街卖。

不久，小张的摊子前围了一群人，其中有一位老人，若有所思地说："这便壶大了些。"小张马上接过话茬，大声说："大了好哇！装得多！"围观的人哈哈大笑，老人则扭头离去。

不一会儿，老人来到南街，在老张的摊子前说了同样的话，老张马上笑着轻声接话："大是大了点儿。可您想想，冬天夜多长啊！"结果包括老人在内的几个人都点了点头，继而掏钱买单。

能把脏的东西说得不那么脏，能把坏的事情说得不那么坏，也是一种"道在屎溺"。推销商品是这样，推销我们自己也是这样。俗话说"竖着好吃，横着难咽"，很多让人难以接受的观点，只需换一种说法，就能打开局面，改善关系，让事情向着我们期望的方向转变。

老子说："美言可以市尊。"从字面上解读，是指美好的言辞可以获得别人的尊重。深层次理解，则是善于驾驭语言的人，可以从市场上换到他想要的东西。所谓"美言"，不就是换种方式说话吗？

很多人有一种误解，认为做销售的人大多懂得沟通，也擅长沟通。其实不然，他们只是在工作上更需要沟通而已。沟通，也并不是你"沟"了就能"通"，原本良好的关系之所以变得闭塞，本该畅通的之所以不畅通，就是因为很多人不懂，沟通的底层逻辑既不是语言，也不是思路，而是人我关系与修养。

事实上，无论什么身份地位，做什么工作，都需要沟通。一个温馨舒适的家庭同样离不开良好的沟通。生活中有很多人，在外面为了工作和订单，多大苦都能受，多大辱都能忍，回到家则变成了另一个人，处处是他的逆鳞。这不是真正的修养。中国人讲究积德，积德先积口德，“良言一句三冬暖，恶语伤人六月寒”，对家人好是积德，伤害家人是损德！

另外，心理学研究表明，使用负面词汇会刺激情绪化的杏仁核，而使用正面词汇能启动理性的前额叶皮层，所以多用好词好句，对我们的身体也有好处。换一种说法，真的就是换一种活法。

务必改掉的口头禅

- **少用“我”，多用“我们”**

因为“我”带有浓厚的个人主义色彩，而“我们”能快速拉近彼此的距离。

- **别说“又怎么了”**

在“怎么了”前面加上一个“又”字，会让人觉得刺耳，因为这个字既显得对方不可理喻，也显得自己很不耐烦。

- **把“我能怎么办”改成“我来想办法”**

工作中，就算你说“我能怎么办”是个客观情况，对方还是会不开心，还会觉得你在推诿。如果你说“我来想办法”，哪怕最后问题没能解决，对方也会被你温暖到。

- **能说“很好”就别说“不差”**

能说“我没问题”就别说“我无所谓”，能说“并且”就别说“但是”，因为前者都是正能量，而后者都是负面信息。

段位越低的人，语言攻击性越强

言语伤人，胜于刀枪。刀伤易愈，舌伤难愈。

交到一个朋友需要很长时间，得罪一个人，只需要一句话就够了。

舌为利害本，嘴为福祸门，嘴里说出去的话，一定要慎之又慎。

在电视剧《天道》中，主人公丁元英说过这么一段话：“段位越高的人，越没有攻击性，让人感觉舒服。段位越低的人，攻击性越强，他们往往来自底层，或是生活的底层，或是认知的底层。”这段话非常经典，也非常到位。下面我们就从认知的层面来讨论一番。

“底层”的代名词是“小人物”，小人物不一定能力小，也可能是地方小、空间小、资源少，还有输不起，所以有本能的自我保护意识，其攻击性很大程度上是一种下意识的反应。这样的人，如果没有良好的家教，自己又没有更高的追求，也不会刻意地修身养性，时间长了，戾气就会越来越重，越来越倾向于简单粗暴，动辄“你瞅啥”或“瞅你咋的”。

反过来说，跳出底层的人，不管是靠父母，还是凭借自身努力，资源已相对较多，倾斜到教育上的资源也会相应较多，就会有更多机会接触到知识、文化与圣贤书，认知更高是自然之事。

当然，想更上一层楼，还需要更多的精进，以及高人的指点或生活的打磨。

鲁豫早年采访时，非常爱用反问句，动辄瞪大眼睛质疑："真的吗？我不信！"在很长一段时间内，她都不认为这有什么不妥当。直到有一天，她去体检，医生见她各项指标正常，便随口说道："你平时工作很清闲啊！"鲁豫马上表示，自己每天都要工作十几个小时。也不知那位医生是不是有意，当即反问道："真的吗？我不信！"鲁豫忽然感到莫名的委屈和失落，也忽然明白了嘉宾与观众的感受。此后，她一改往日的风格，少反问，多倾听，嘉宾也更容易吐露心声，她的工作也变得更加顺利。

梁漱溟根据《庄子·达生》，将人的修养分成四个阶段：第一阶段是没什么底气还气势汹汹；第二阶段是争强好胜，喜欢指点江山；第三阶段是不太好胜了，但依然容易冲动；第四阶段是不敢争天下先，有本事但内敛。所以有一天，当你不再咄咄逼人，也不再指点江山，而是把"是的，你说得对"当作口头禅，那么恭喜你，你已经到达了更高的段位。

《韩诗外传》中有一个小故事，大意是说有一天，子路、子贡、颜回在一起讨论待人之道。子路说："别人对我好，我就对别人好。别人对我不好，我就对别人不好。"子贡说："别人对我好，我就对别人好。别人对我不好，我就引导他向善。"颜回说："别人对我好，我就对别人好。别人对我不好，我也对别人好。"其实已经高下立判了，但三个人还是争论不休，最后孔夫子不得不出马，说："子路的做法，是夷狄的做法。子贡的做法，是朋友的做法。颜回的做法，是亲人的做法。”最后又引出了一句诗：“人之无良，我以为兄。”意思就是说，这个人虽然不是好人，但还是要从人权上给予基本的尊重，就像尊重我们的父兄一样。这就是境界。

生活中经常会有类似的情况，我们遇到的人当中，总有一些人对我们很好，也总有一些人对我们不好，像子路那样，虽然不失为真性情，但算不上修养。如果能像子贡那样，引人向善，则不失为益友，但问题是有些人对你充满了成见，在自讨没趣的情况下，你怎么办？如果你的修养没那么高，多半还得干起来。只有像颜回与孔子说的那样，你对我怎样，那是你的修养决定的，而我的修养告诉我与人为善，与善人当然要为善，遇到不善的人也不能和他一般见识，否则就说明我们自己还不完善，会随着别人的言行而改变。

冯友兰的人生四境界

- **自然境界，顺习而行**

所谓“顺习”，即顺应个人习惯与社会习俗。比如别人关心房价他也关心房价，别人关心养老他也关心养老，这是自然人的自然需求，应予以尊重。但他们对于自身的行事与人生的意义，并没有深入的了解。

- **功利境界，生物之理**

生物的行为都是趋利的。此种境界中的人，其行为也是为利所趋。不过动物趋利是出于本能，功利境界中的人则对自身及利益有清楚的认知。他们求利的方式可能不同，有人甚至可以流血牺牲，但最终还是为了自己的利益，所以他们的觉知还很有限。

- **道德境界，尽伦尽职**

利的反面就是义，道德境界中的人取利也求义，必要时会为了“正其义”而“不谋利”。对于这个境界中的人来说，所谓“做人难，人难做，难做人”是不存在的，因为他们已经有所觉醒，知道并且能践行自己的使命，即“尽伦尽职”。

- **天地境界，天人合一**

处于天地境界的人，不仅能尽人伦、尽人职，而且能尽天伦、尽天职，即效法宇宙与天道。这是做人做事的最高境界，也是常人难以企及的境界。

他可以不讲武德，你不能不守规则

规则就是用来遵守的。

规则就是底线，就是生命线。

没有一条马路可以任意横穿，没有一条规则可以肆意践踏。

在规则面前，永远不要心存侥幸，因为当你违反规则时，受惩罚才是正常现象。

“不讲武德”一词源于网络，出自某位“大师”之口，原话是“年轻人不讲武德”。我们姑且不论该大师的专业水平，单就为人处世而言，当代人确实应该加强规则意识。

我们先来看看“规”“则”这两个字。

规，从夫从见。其中，“夫”是圆规的形象化，仔细看看这个字就能了然；“见”，是呈现的意思，具体来说是呈现圆。综合起来，就是说通过圆规才可以呈现圆，没有“规”就不能画圆，引申为制度、规范。

则，左边为“贝”，看上去似乎与钱有关，尽管生活中涉及规则时往往牵涉到金钱，但此处的“贝”是个简化字，本意为“鼎”，因为最初的法律、规则是铸在鼎上的；右边是个立刀，也就是用来刻竹简或木简的刀笔。

有句话说得好，规则就是用来遵守的，不然要规则干吗？《流星花园》中的道明寺还说："如果道歉有用的话，还要警察干吗？"警察是维护规则的，但通常在规则被破坏之后才发挥作用，之前主要靠自律。

著名法理学家边沁讲过一个小故事：

两个人吃一块饼，只有一把刀，没有任何尺子、天平之类的测量工具，所以不能保证一刀下去能把这张饼切得完全相等。也就是说，两个人都有可能在关于这张饼的利益分配中吃亏或占到便宜。没有人喜欢吃亏，所有人都期望至少不被占便宜。但这种情况下，又注定难以达到实质的公平。那怎么才能让二人心服口服呢？边沁的答案是：一人切，另一人先拿。

这个故事不仅说明了设立规则的重要性，也传达了这样一个事实，即规则不仅是对弱者的保护，也是对强者的维护，因为没有谁会一直强，总会有你既不掌握饼也不掌握刀的时候，所以即使我们有时会占据有利地位，也不能破坏规则。

洛克菲勒曾经在给儿子的信中说过，他的成功主要归功于三大力量，排在首位的就是按规则办事，它，也只有它，才能让企业得以永续经营。这其实也是很多企业家的共识。越是身居高位，内外兼修的人，越懂得规则的重要性。

有个企业家曾经说过，对一个企业家来说，懂规矩，讲规则，永远是第一位。一个企业在创办之初，跟谁一起玩，玩过之后，哪些人可以继续跟你一起玩，其实就是个选人的过程。很多人失败，很多事无法再走下去，问题其实都出在人身上。无论是一个国家、一个民族、一个企业，还是一个人，想要有所成就的时候，跟什么样的人一起做事是很关键的，所以我们要和懂规则的人在一起做事。

其实，今天的很多人，都应该补上规则这一课。有了规则的约束，时刻遵守规则，就会演变成一种力量，让我们的修养越来越高，让我们的社会越来越好。

处事三原则

- **安全原则**

凡事谨慎持重，考虑收益前先考虑风险，尤其是信用安全。要考虑到人际关系及其带来的长期利益，建立好与同事、客户、合伙人的信任网。

- **进步原则**

每天都要进步，哪怕只进步一点点。每天都要努力，要努力提升自己，也要努力争取机会，千万别躺平。人在红尘，不进则退，退则废。

- **收益原则**

凡事精打细算，做到心中有数，不能单方面付出。要学会自我估值，必要时可以跳槽，或者更换合作伙伴，不卑不亢地维护自己的正当利益。

利可共而不可独，谋可寡而不可众

世界上有两种东西不能直视：一是太阳，二是人心。

世界上有两种东西最为有力：一是利益，二是恐惧。

精明的人考虑自己的利益，智慧的人考虑别人的利益。

利可共而不可独，谋可寡而不可众。这句话出自《省心录》，作者是北宋的林逋。

林逋就是那位有着“梅妻鹤子”之美誉的和靖先生，是中国文化史上一座难以企及的高峰，以至于人们很难把筹谋与利益同他联系起来，仿佛他是超越智慧与利益的存在。

好在曾国藩的《治兵语录》也引用过这句话，并且极为看重它，我们才不至于无处下手。

为什么利不可独？因为利益人人渴望，有利益的地方，往往有无数双眼睛在盯着。如果谁独占了利益而不与大家分享，一定会招致怨恨，甚至成为众矢之的，导致群起而攻之。这时候，利益就不再是利益，而是明晃晃的利刃。

什么叫谋略？谋略是一种思维过程，目的是获取利益和优势。利益有大有小，有核心利益与边际利益之分。核心利益必须谋，必须紧抓不放，因为放弃核心利益，相当于放弃生命；边际利益则需要略，需要适当让渡或放弃。懂得这点，就相当于具备了战略眼光。

刘邦曾经问陈平："我与项王区别在哪儿？"项王就是项羽，陈平是从他那里跳槽过来的。陈平说："对于有功之人，大王毫不吝啬，项王则很少封赏。"其实，项羽这个弱点韩信早就提及过，因为他也是从项羽那里跳槽过来的。楚汉战争关键时期，面对项羽的说客，韩信表现得非常坚定，说什么也不叛汉，原因就在于项羽那里连个想象空间都没有，刘邦却给了他足够多且足够切实的利益——真齐王。

为什么大家越来越讨厌画饼？因为画饼者是为了自己的利益最大化而给下面的人画饼，最终却不愿兑现承诺，人都不是傻子，不可能一再上当。这样看来，画饼者其实也是在为自己画饼。

总之，自私是智慧的死敌，看不透利益也就玩不转智慧。但"利可共而不可独"不仅是智慧，也是修养。

孔子说："君子不尽利以遗民。"用今天的话说，君子就是高净值人士，收入已经很高了，就别吃相太难看了，要留一部分利益给底层。《诗经》有言："此有不敛穧，彼有遗秉，此有滞穗，伊寡妇之利。"秉就是收割水稻时已经捆好的禾穗，穧就是已经割完但没有捆好的禾穗。上古时代的人有同情心，会故意遗弃一些稻谷，让那些寡妇捡回家。《礼记》中也说："伐冰之家，不畜牛羊。"已经拥有了大的利益，就不要再与百姓争小利了。那些只是你的小利，但却是百姓的命根子。把百姓逼得没饭吃，他们只好揭竿而起。这么说，便又回归了智慧。

至于“谋可寡而不可众”，为什么谋不可众？按照曾国藩的说法，是“众谋则泄”，也就是怕泄密，以免功亏一篑，或者被对手牵着鼻子走。另外，“众谋则乱”，如果不是必要，不要搞什么头脑风暴，大家七嘴八舌，而决策者又没有定见的话，必然会给决策者造成干扰，包括智识上的干扰，也包括道德上的干扰。

利益相关者矩阵

对利益相关个人和组织进行分析，有助于我们采取对应策略，妥善对待不同的人。

- 权力大，利益大。必须密切关注，保持深入沟通，时刻满足需求。这类人群包括项目出资人、项目发起人、核心用户、大客户等。
- 权力大，利益小。需要重点关注，避免成为阻碍，争取迁移到“权力大，利益大”象限。这类人群包括监管方以及只关心结果与里程碑的内部高管。
- 权力小，利益大。他们通常不能改变项目，但能提供很多帮助，需要保持沟通。这类人群主要是项目的实施者，比如程序员。
- 权力小，利益小。最小化投入，需要时沟通即可。

不能没有是非，
也不能过于是非分明

水至清则无鱼，人至察则无徒。

很多时候，人最大的障碍就是自己。

很多时候，争论是非的人，往往已经远离了事情本身。

孟子说：“是非之心，智之端也；无是非之心，非人也。”意思是，能够明辨是非，是智慧的起点；没有正确的是非观，就不能算作一个完善的人。

明是非，是修养的重要内容，也是修养的前提。一部《春秋》，从头到尾，讲的都是“是非”二字。人不能没有是非，但也不能过于是非分明。明辨是非固然是修养，难得糊涂也是修养。古人云：“水至清则无鱼，人至察则无徒。”在不需要较真的时候，就没必要较真。

有这样一个小故事：

一对情侣要去游乐场，二人在一个路口争论了起来，男生说往左边走才对，女生说往右边走才对。争论了好久，也没个结果。男生发现旁边有位老人，便上前问路。老人其实在旁边听了很久了，笑笑说：“想去游乐场就往左边走，想要女朋友就往右边走。”男生马上明白过来，牵着女生的手往右边走了。

有句非常经典的台词，叫“小孩子才分对错，大人只看利弊”，如果我们把“只看利弊”四个字改成“要讲智慧”，放在这里就再好不过了。不管是从左边走还是从右边走，目的都是去游乐场，是为了开心。类似情况下，是非并不重要，对错也不重要，接受对方的意见才重要，这不仅无伤大雅，还能够赢得感情。

职场中的朋友，更应该明白“难得糊涂”的道理。职场是竞争的舞台，也是修养的道场，总有些人目光短浅，贪图不属于自己的东西。如果总是与他们较真，难免两败俱伤。在做好自己的同时，有时候睁一只眼闭一只眼，不仅相安无事，还有助于我们在职场上获得升迁。

且看下面的例子：

张秀秀和裴兰兰是某公司策划部的员工。一天，主管让她们尽快做一份营销方案。由于时间紧，任务重，所以主管让她们合作完成。裴兰兰是新人，主管特意交代，方案由张秀秀主导，裴兰兰协助。方案交上去后，总经理专门来到策划部，询问主管：“方案是谁做的？简直太完美了！”裴兰兰听了，马上站起来说：“经理，是我完成的！”

张秀秀就坐在旁边，她听得清清楚楚，也非常生气，但转念一想，宁与君子争高低，不与小人论短长，算了吧，便装作若无其事的样子。主管看在眼里，心知肚明，当天下午，就向总经理说明了真相。

一个月后，主管调换岗位，张秀秀升任主管。

又过了半个月，裴兰兰自行离职了。

现实生活中的很多事情，就像上面的案例一样，孰是孰非，其实一目了然，想侵占别人的成果，不管能不能得逞，都已经很下作了；必要的时候，自然应该理论清楚，但没有必要一上来就当着总经理、主管的面，把事情说破，让所有在场的人都下不来台。先装聋作哑，这不仅是极具修养的表现，也给事情本身赢得了回旋余地。

如果生活中每件事都要明辨是非，那我们的生活将变得非常琐碎，我们也会因此身心俱疲。所以我们要放下执念，对一些无关痛痒的小事保持豁达、包容的态度，把精力和时间节省下来去做其他更重要的事情。

四种是非不明辨

- **家里人的是非**

人非圣贤，孰能无过？家人也会做错一些事情，聪明的人不会去明辨是非，而是装糊涂，毕竟血浓于水，都是一家人，没必要争高低，论短长。

- **夫妻间的是非**

夫妻之间首先要讲爱，其次才讲理。用包容的心态对待另一半，就能保持家庭和睦。经常与另一半争辩是非，也许能得到一时的胜利，满足自己的虚荣心，但长此以往，可能会导致婚姻破裂。

- **鸡毛蒜皮的是非**

比如与邻里、亲戚、朋友、同事乃至陌生人相处，都不要去计较鸡毛蒜皮的小事，吃亏是不是福另说，不肯吃亏的话，可能还会吃更大的亏。

● **糊涂人的是非**

对方说“三七二十四”，你非要纠正说“三七二十一”，那就是你糊涂了。秀才遇到兵，有理说不清。如果对方糊涂至极，最好避而远之。

别以为大家处得很好，就可以没有分寸

天与地有距离，空旷高远。

日与月有距离，昼夜分明。

人与人有距离，舒适安逸。

人与人相处，就像寒风中的刺猬，太远无法御寒，太近又会刺痛对方。

人与人相处，应该像燕子，既不近，也不远，就住在屋梁上，却没有人来害它。

什么叫“分寸”？我们先从汉字的角度解读一下。

先说“分”。它是个会意字，从八，从刀。“八”就是分的意思，不信你看，这一撇向左，那一捺向右，像不像一对闹分手的小情侣？“刀”，是以刀剖物，有一刀两断之义。换言之，因为说话、办事没掌握好分寸，一对如胶似漆的小情人，就此一刀两断，分道扬镳。

再说“寸”。寸的小篆写法，是“手”字加一点儿，即“手握一点”之义，它指的是人的中指中节屈起的时候，手指内侧两端横纹头之间的距离，就是一寸长，即所谓“同身寸”。“寸”是长度计量单位，“分”也是。十分为寸，十寸为一尺，都代表短小。“寸”字加上一个“人”

字，就是“付”，付即给予，说明给予要有分寸，该给多少就给多少，不能多给，当然也不能少给。

其实，不仅给予要有分寸，几乎凡事都要讲分寸。

我们来看一个例子：

杨菲和李莉在同一家公司任职，她们年龄相仿，又有些共同爱好和兴趣，因此成了无话不谈、形影不离的闺蜜。

最近，杨菲准备考研，下班后自然要回家阅读相关书籍，查阅各种资料。李莉却还是像以前那样，时不时邀请杨菲出去逛街。

周日上午，杨菲便收到李莉的信息：“菲菲，我想买几件衣服，陪我去逛街吧！”杨菲婉拒了：“我还要看书呢，没时间陪你了。”

中午，杨菲又收到李莉的微信：“你家附近新开了一家火锅店，咱们去尝尝吧！”杨菲回复：“我已经吃过午饭了，改天再说吧，读书中。”

晚上，李莉又来信息了：“哎呀，我今天光顾着逛街，忘了一件事，老板让我做一个PPT，明天要用。我不太会弄，你帮帮我吧！”

杨菲有点烦了：“你不知道我有自己的事情吗？我要考研啊！没时间帮你！”

李莉非常失望，但百思不得其解：以前如胶似漆的闺蜜，现在怎么变得这么冷淡了？

此后，她们的关系不断疏远，形同陌路。

其实不是杨菲变冷淡了，而是李莉缺乏修养，不懂分寸。要知道，在人际交往中，即使关系很好，也要给对方留有空间和余地，否则再好的关系也无法维系太久，最终会走向破裂。

心理学中有一个著名的“刺猬效应”，强调的也是分寸感。刺猬效应源自一个故事：冬天，两只刺猬为了取暖抱在一起，可因为各自身上都有刺，靠太近容易被刺伤，于是它们分开了一段距离。过了一会，因为冷得受不了，它们又凑到了一起。几经折腾，两只刺猬终于找到了一个合适的距离，既能互相取暖，又不至于刺伤对方。所以庄子告诫世人，与人相处要像燕子，既不近，也不远，就住在人家的屋梁上，却没有人来害它。

所谓拿捏分寸，其实就是用心里的尺子，将心比心，并不露痕迹地予以配合。然而有很多人认为，大家很熟悉了，交往这么久了，没必要太客套。其实再熟悉也要讲分寸，要懂得凡事有度、过犹不及的道理。如果拿捏不好，还不如回避。

分寸五要素

- **隐藏锋芒**

  无论多么优秀，都不要锋芒毕露。把握好“露”与“藏”的分寸，才能结交更多朋友。

- **进退自如**

  审时度势，该进则进，该退则退，当说则说，不当说就绝对不说。

- **留有余地**

  做人留一线，日后好相见。把别人逼得太狠，说不定哪天人家东山再起，也会把我们逼得走投无路。

- **不要揭别人的短**

揭短除了图一时之快，只能在对方心中埋下怨恨的种子。

- **别暴露他人的隐私**

有的人很八卦，到处讲别人的隐私。这轻则是缺乏修养的表现，重则可能会触犯法律。

以善为师，以不善为磨刀石

当你凝视深渊时，深渊也在凝视着你。与恶龙缠斗过久，自身亦可能变成恶龙。

老天一定会安排个坏人打磨你，因为好人干不了坏人的事，坏人却可以干好人的事。

心理学中有一个“蘑菇定律”，大意是说大多数人刚进入社会时，会被置于阴暗的角落，要么被人忽略，要么不被重视，就像培育蘑菇一样。他们承受各种无端的批评、指责，但得不到必要的指导和提携，一直处于自生自灭过程中。只有长到足够高的时候才会开始被人关注，可此时它自己已经能够接受阳光了。蘑菇的生长必须经历这样的过程，人的成长也会经历这样的过程，这就是蘑菇定律，也叫萌发定律。

修养也是如此。我们经常深陷在人际关系的困境之中，殊不知任何事情背后都隐藏着积极意义，当一个人能识别善良的时候，他也就能够识别不善，并尽量处于善地、走向善道了。

当然，凡事都有两面，取决于我们如何看待，是以善为师，还是以恶为投名状。按理说，别人待我不善，我当然要以牙还牙，以眼还眼，用网友们的话说就是，“如果阁下听不懂大乘佛法，贫僧也略懂一些拳脚功夫”，所谓“人善被人欺，马善被人骑”也是这种论调。这实在是一种低层次的理，因为它的潜台词就是，善良这种东西，其实可以不要。

我不是在教你做老好人，老好人不是真正的好人，我是在引导你超越自己。

刀不磨不锋利，磨刀就需要磨刀石。磨刀时，你会在意制作磨刀石的工匠人品如何吗？

玉不琢不成器，好人需要反复地打磨。老天为什么一定要安排个好人打磨你呢？好人他下得去手吗？

有时候，坏人能干好人的事，但好人干不了坏人的事，比如羞辱你。

洛克菲勒曾经在家信中讲述过自己的早年经历，用以开导儿子小洛克菲勒，内容如下：

我的儿子，你或许还记得，我一直珍藏着一张我的中学同学的多人合影。那里面没有我，有的只是出身富裕家庭的孩子。几十年过去了，我依然珍藏着它，也珍藏着拍摄那张照片时的情景。

那是一个下午，天气不错，老师告诉我们说，有一位摄影师要来拍学生上课时的情景照。我是照过相的，但很少，对一个穷苦家庭出身的孩子来说，照相是种奢侈。摄影师刚一出现，我便想象着被摄入镜头时的情景——多点微笑、多点自然，帅帅的，甚至开始想象着自己跑回家如同报告喜讯一样告诉母亲："妈妈，我照相了！是摄影师拍的，棒极了！"

我用一双兴奋的眼睛注视着那位弯腰取景的摄影师，希望他早点把我拉进相机里。但我失望了。那个摄影师好像是个唯美主义者，他直起身，用手指着我，对我的老师说："你能让那位学生离开他的座位吗？他的穿戴实在是太寒酸了。”

我是个弱小的还只懂得听命于老师的学生，我无力抗争，我只能默默地站起身，为那些穿戴整齐的富家子弟制造美景。在那一瞬间，我感觉我的脸在发热。但我没有动怒，也没有自哀自怜，更没有暗怨我的父母为什么不让我穿得体面些，事实上他们为了能让我受到良好的教育已经竭尽全力了。看着在那位摄影师调动下的拍摄场面，我在心底攥紧了双拳，向自己郑重发誓：“总有一天，你会成为世界上最富有的人！让摄影师给你照相算得了什么！让世界上最著名的画家给你画像才是你的骄傲！”我的儿子，我那时的誓言已经变成了现实！在我眼里，“侮辱”一词的词义已经转换，它不再是剥掉我尊严的利刃，而是一股强大的动力，排山倒海，催我奋进，催我去追求一切美好的东西。如果说是那个摄影师把一个穷孩子激励成了世界上最富有的人，似乎并不过分。

上面的故事有力地验证了“天赋一利刃，必赋一磨石；天赋一莲花，必赋一污泥”的至理。用老子的话说就是：“善人者，不善人之师，不善人者，善人之资。”只要换个角度，不善之人也有其价值，也可以为师。

孔子也有相同的观点：“见贤思齐焉，见不贤而内自省也。”又说：“三人行，必有我师焉。择其善者而从之，其不善者而改之。”圣人遇到的人也有好有坏，但圣人之所以是圣人，就在于他们善于拯救人，而不是遗弃人。就算有些人十恶不赦，连圣人也要遗弃他们，至少也可以引起我们的警觉，也可以算作他们的“价值”。

庄子的九征识人法

● 远使之而观其忠

“忠”即忠诚，“远使之”就是有意疏远、冷落他，看他远离权力中心时，是依旧忠心耿耿，还是变得牢骚满腹。

● 近使之而观其敬

“近”与“远”相对应，意思是故意拉近距离，甚至建立私交，看他是否还能保持应有的礼仪与恭敬，是否会得意忘形、恃宠而骄。

● 烦使之而观其能

“烦”即繁杂，把繁杂的事务交给他去处理，看他是否能理清千头万绪，能否把大小事情处理得井井有条。

● 卒然问焉而观其知

突然向他发问，看他是否知道并且对答如流，又在多大程度上了解内情。答不上来就不称职，答得很好则应该升职。

● 急与之期而观其信

想考察一个人是否靠谱，就给他一个紧急的期限，看他能否克服压力，按时完成。

● 委之以财而观其仁

君子喻于义，钱是试金石。要想知道一个人是不是仁人君子，就委托钱财要他管理，看他是不是清廉，有没有谋取利益。

- **告之以危而观其节**

将他置于某种危险的境地，观察他能否临危不惧、处变不惊。这一点直戳人性的要害，在危难中奋不顾身，实属难能。

- **醉之以酒而观其则**

酒后吐真言，酒品见人品，一个人喝醉后，最容易暴露本性。醉后依然能保持原则的人，值得交往；醉后丑态百出的人断不可交。

- **杂之以处而观其色**

把他置于复杂的人际关系中，观察他如何与人相处。有人八面玲珑，有人无所适从，有人本色依旧。要重用本色之人，利用玲珑之人，慎用谄媚之人，不用无用之人。

回看自己，你能找到所有的答案

人性最大的弱点，不是贪婪，不是懦弱，而是凡事都想尽善尽美。
人生最大的误区，就是给咸鱼翻身，扶烂泥上墙，怪死猪不怕烫，恨废铁不成钢。
有些人叫不醒，劝不醒，只能痛醒；有些人帮不了，救不了，只能同情。

泰戈尔有一句名言：“那些把灯背在背上的人，把他们的影子投射到前面。”有人把这理解成背道而驰，即活在自己的阴影里。其实不然，泰戈尔的本意是严于律己，也就是通过把灯背在背上，勇敢地面对自己的阴影面，并及时修正。

古人说：“严于律己，宽以待人。”这是修养的两翼，如果非要舍弃其一，其实严于律己比宽以待人更重要。因为从实用的角度看，宽以待人顶多能为我们赢得好人缘，但不严于律己的话，恐怕会害死我们自己。

马斯洛也说过：“自我实现者，一方面是疾恶如仇，另一方面是对人性的脆弱报以深深的同情。”对于那些不想改变的人，除了报以同情，别无他法。

人生的使命，说到底还是成全自己。一个人若不能成全自己，完善自己，便会使自己走投无路，怨不得别人。反过来说，别人自作自受，也不能把责任推给我们。

我们讲讲“一毛不拔”的典故：

墨子的大弟子禽滑厘曾经问杨朱：“如果拔下你身上一根汗毛，能使天下人都受益，你干不干？”杨朱说：“天下人的问题，绝不是拔一根汗毛能解决的！”禽滑厘又问：“假使能的话，你愿意吗？”杨朱默不作答。

如果就此认为杨朱心虚，或者自私，未免太肤浅了。其实不用争论，单从造字上就能看出些端倪。公与私是相对的，而“公”字的一半正好对应“私”字的一半。对应到杨朱的理念，就是说我既不损公肥私，也不损私奉公，我取其中道，让公的属于公，让私的属于私，有什么不好？

人我关系中的很多事情，能取中就已经不错了。先别谈利他，不损人就已经不错了。先别谈助人，不落井下石就已经不错了。先别唱高调，不跑调就已经不错了。

我不是说墨家唱高调，也不是说儒家唱高调。我只是说，利他这件事，首先需要自身有能量，其次需要彼此有缘分。没缘分，就不要乱匹配。就算你想使也能使天下人都受益，天下人还未必愿意接受呢！

举例来说，太极拳是一种很好的养生方式，健身又养心，还是国粹，但有些大妈就是喜欢跳广场舞，你怎么办？最好的办法是随其所行。你做好自己就行，碰上有缘的人就聊聊，有愿意学的就教教，仅此而已。你更需要做的是练好自己的功夫，争取长寿，那时候你不说话，就已经有说服力了，就能够更好地推行国粹了。

回到严于律己本身。由于不懂得内观，不愿意自省，我们总是想改变别人，注意力全在别人身上，却对自己无限宽容，这是明显的双标。

正人先正己。自身不正却能把别人正了的案例，还从来没有过。实情是，别人是自己正了自己，他只是充当了反面教材。退一步说，别人就是你这个不能正己的人正的，而你为了改变别人，费尽口舌，不遗余力，到头来却忘了修持自己，也是个笑话。

渡人先渡己。以王阳明为例，把心学发扬光大的前提，是先开创心学；开创心学之前，要先跟着别人学。没有“守仁格竹”，就没有“龙场悟道”。充实自我，才能提升自我。提升自我，才能更好地帮助他人。

人生是一场自渡，给你修路的是你自己，最能帮助你的也是你自己，最终成就你的自然还是你自己，而毁灭你的人当然也是你自己。回看自己，你能找到所有的答案。

三要和三不要

- **三要**

利人也利己的事，要全力去做。利人不利己的事，要量力去做。损人利己的事，要坚持不做。

- **三不要**

不要用自己的错误惩罚别人。不要用别人的错误惩罚自己。不要用自己的错误惩罚自己。

江湖不是打打杀杀，而是人情世故

长恨人心不如水，等闲平地起波澜。

有人的地方就有江湖，有人的地方就有是非。

真正厉害的人，既可以享受孤独，也可以出入世俗。

“江湖不是打打杀杀，是人情世故。”这句话被许多年轻人奉为经典。

江湖的本意，是江河与湖泊。从地理上说，则是指江西、湖南两省，这两个省都有大江大湖，在交通不发达的古代，两省跨越很不容易，所谓“走江湖”就是这么来的。在武侠小说的渲染下，江湖则成了快意恩仇、刀光剑影的世界。因此在人们的印象中，江湖就是打打杀杀。

其实刘禹锡说得好，“长恨人心不如水，等闲平地起波澜”。有人的地方就有江湖，哪里都少不了争斗，特别是一些拥有资源不多、修养不够的人，会自然而然地按照马斯洛的需求层次，用打打杀杀、简单粗暴的方式去满足生存需求和安全需求。有的人有一定的社会地位，一定的境界，他们的需求更多的是自我实现方面的需求，即希望受到尊重，这就不是打打杀杀能够解决的了。

人情世故又是什么呢?

人情，其实就是人之常情。一个人做事，如果连人之常情都做不到，先不论事情能否做成，起码这个人是不完善的。

曾仕强老师还曾经从汉字的角度讲过人情。他说，在汉字中，只要偏旁是“青”字的，都有美好的意思。比如，“请”，表示语言很美好；“清”，表示水质很好；“晴”，表示天气很好；“倩”，表示人长得很好；“菁”，表示草木很美好。而“情”，就是心地很美好。一个人的心很好，就是有情。一个人很懂人情世故，就叫有心。

再说世故，世就是世界，就是社会；故就是故事，就是经验。合起来说，就是待人接物方面的经验，考验的是人的分寸感。反过来说，一个人不懂得人之常情，也没有生活经验，那他不仅会吃亏，而且自身修养可能也有待提高。

且看下面的例子：

肖女士出生在农村，经过多年打拼，她为父母在县城买了一套房子，也为自己买了两套房子和一辆奔驰。这年春节，肖女士带着老公和孩子回老家过年，听说她回来了，屋里很快挤满了邻居以及七大姑八大姨。大家看她一身名牌，屋外停着奔驰，脸上都露出羡慕但不太自然的表情，然后又急切地询问房子、车子、票子等问题。

“哪有什么钱啊！”没等肖女士开口，母亲抢先说，“都是贷款买的！每个月还完贷，剩的钱连吃饭都困难，还从我这儿搜刮了几千块钱呢！”

大家走后，肖女士拉住母亲，问：“我这都是全款买的，而且我年薪百万，为什么要骗人呢？”

母亲笑笑说："我这不是骗人，是为了让他们心理平衡，免得嫉妒你。再说了，你这么有钱，大家缺钱跟你借的话，你借不借？"

这就是人情世故。它可以是负面的，也可以是正向的，还可以是复合的。很多年轻人有高学历，有好工作，但对人情世故的理解，远远不如他们的父辈。中华上下五千年，形成了各种文化，人情世故也是其中的一种。当我们的经验丰富了，修养提升了，就会明白人情世故的真谛。掌握了其中的奥妙，我们的人生会变得更加精彩。

人情世故三要素

- **要洞察人性的本质**

人情世故源自人性，人性即人的本性，虽说人性的本质具有多重性，但自私是人性的首要本质。利益越大的地方，人性就越自私。我们必须明白"没有永远的朋友，只有永远的利益"。

- **要保护自己的利益**

断人财路犹如杀人父母，我们不能占别人的便宜，能利他的时候还是要尽量利他，但也不能一味地吃亏，总是受伤害。要处处留心，不断修炼，成为人情世故的"老江湖"，保护好自己。

- **要明了别人的意图**

知己知彼，百战不殆。明了别人的意图，才能合理地应对。

埋怨别人，
不如想想自己错在哪里

下棋是雅事，每一步都牵动着杀机。

打牌是乐事，赢多了便没人跟你玩了。

哪有什么怀才不遇，不过是孤芳自赏而已。

如果领导问你："这附近有没有什么娱乐场所？"你会怎么回答？

如果你说，我知道哪里有 KTV……领导可能会想，这个人心里没有工作啊，只知道吃喝玩乐！兴许他就是来测试你的。

如果你说，我不知道，我对这些不感兴趣……领导可能会想，这个人不老实，而且不适合做业务，跟客户联络感情，怎么能少得了娱乐呢？你又失去了一个机会。

做人就是这么难。

我们总是要回答一些技术含量很高的问题，处理一些操作难度很大的事务，面对各种不好面对的人。没有一定的生活经验，纵有文章满腹，也不知道背哪篇。

反过来说，很多单位都有一些看上去不学无术的人，这些人可能还身居要职，你让他搞技术，他根本就搞不了，但他却可以搞定各种人际关系，把一个部门或整个公司运作得很好。

很多人尤其是做技术出身的人看不上这种人。但实际上他们很了不起，因为这属于“为政”的范畴，后人之所以把孔子几十年的做人、做事、做学问的经验放在《论语·为政》篇里，就是因为“为政”需要以人生经验为前提。

世人都知道康熙帝擒鳌拜，少年英主，出手不凡。鲜为人知的是，康熙晚年对此颇为后悔，并且恢复了鳌拜的爵位，因为鳌拜对大清是有功劳的，他专横且有私心，但没有谋权篡位之心，他只是没处理好自己与小皇帝的关系而已。试想一下，如果他没有那么专横，不对小皇帝大呼小叫，而是毕恭毕敬，康熙还会不会迫不及待地铲除他呢？

古人认为，即便是下棋这样的雅事，每一步也都牵动着杀机。人生就是一盘棋，每个人都想赢。但该赢的时候不赢，不仅是棋艺高，也是修养高。

有些事情不涉及输赢，但涉及分寸。比如唱歌，一个人爱唱歌，并且唱得也好，这本来是优势，但如果他是个麦霸，并且不懂人情世故，非要在公司聚会上唱领导的拿手曲目，或者在陪客户时让客户陪自己唱歌，那他就是不识相，总有一天他得把自己唱哭。

胡雪岩不下棋，估计也不爱唱歌，但他懂得“走官场先拜宝眷，会同行先说油水”，故而能逢山开路、遇水搭桥，把事业越做越大。老一辈人也说，“逢人减岁，遇物加钱”，这是祖辈先人们的智慧总结，也是一代代人验证得出的实用技巧，既简单又实用，何乐而不为呢？

七大人际关系定律

- **风雨定律**

感情经得起风雨，却经不起平淡。友情经得起平淡，却经不起风雨。再好的朋友也可能会失去，不想当孤家寡人，就及时交新朋友。

- **方圆定律**

人不能太方，太方会伤人。人也不能太圆，太圆会让人远离你。既然太方或太圆都不是处世之道，那最好做个椭圆，星星的轨道就是这样的。

- **评价定律**

别好奇别人怎么评价你，别人也在意你怎么评价他们。与人交往，要敢于说出自己的想法，争取自己想要的东西。

- **成败定律**

你没有成就时，会因为平庸而没有朋友；你有了成就时，会因为卓越而失去朋友。所以，平庸的人要不断努力，成功的人要低调做人。

- **馅饼定律**

天上掉馅饼的时候，地上可能有个陷阱在等着你。每个人都会遇到各种各样的诱惑，但不是所有人都能看到后面的威胁。记住，苍蝇不叮无缝的蛋！

● **宽容定律**

人往往对陌生人很客气，而对亲密的人太苛求。对陌生人客气没问题，但也要记得给身边的人一些关爱。

● **眼泪定律**

在伤口上撒盐，和在伤口上落泪，效果是一样的。自己要坚强，也要远离那些遇到挫折时才想到你的人。

大道如此平坦，世人却喜欢小径

有道无术，术尚可求。有术无道，止于术。

以道驭术，术必成。离道之术，术必衰。

大道至简至易，小道至繁至难。大道清澈见底，小道故弄玄虚。

大道就是良知，小道就是邪见。大道是保命符，小道是双刃剑。

老子在《道德经》中说："大道甚夷，而人好径。"意思是，大道如此平坦，世人却喜欢小径。也正因为世人喜欢小径，世道才会越来越险僻，才会有越来越多的人在阳光下失足，"无缘无故"地摔跟头。

"好径"是人类的通病。过马路时，很多人不愿意到路口走人行道，哪怕只是近了几十米，也要横穿马路。如果不幸被撞到了，也要走后门，抄小道，各种找人与求人，争取把全责变成共担，让对方多赔一点儿是一点儿。喜欢讲"小道消息"的人，则又有了茶余饭后的谈资，重点则是"赔偿了好几十万"！

按理说，人们应该喜欢大道和正道，害怕小道和邪道。现实世界中的情形却截然相反。很多地方明明没有路，也不应该有路，但为了少走几步，人们不惜破坏围墙、围栏或生态，也要闯出一条路来。真应了鲁迅先生那句话："世上本没有路，走的人多了，也便成了路。"

世人喜欢小径，说到底是因为小径不仅刺激，而且走的人也不少。大家都走小路，都抄近道，我为什么不走？同理，大家都在想着怎么赚钱更快，我为什么不赚？这是很多人的自然反应。

与这样的人是谈不了修养的，至少暂时谈不了。因为大家根本不在一个频道上，就好比你质疑一家公司的产品是假冒伪劣产品，而对方却宣称它“销量最高”一样。你叫不醒一个装睡的人。

毛姆说过：“就算有 5000 万人声称某件事是对的，这件蠢事也不会因此成为聪明之举。”而真正聪明的人，就算其他所有人都走上小道、歪道、邪道，也会走在正确的路上，比如老子与孔子。实在不行，走人总行，西出阳关、泛槎于海总行。

网络上有这样一个小故事：

一架小型飞机在飞行过程中失事，飞机上有一个驾驶员、一个空姐，还有一只要赶场表演的猴子。驾驶员和空姐都遇难了，猴子却逃过一劫，毫发未伤。调查人员想了解飞机失事的原因，便打算从猴子身上着手调查。

这只猴子很聪明，又受过训练，多少懂一些人言。于是，调查人员先问它飞机起飞时的状况。猴子一边叫着，一边指着驾驶舵，然后比画着驾驶飞机的动作。之后它又指着空姐做动作，那是端盘子的姿态。最后它指着自己，表示它原本坐在座位上。

“飞机怎么失事的？”调查人员继续追问。猴子立即指着空姐，比画出一副很陶醉的样子。调查人员不解，又问它驾驶员在做什么？猴子用双手装出被人拥抱的姿态，嘴巴嘟成亲嘴状，并发出“嗞嗞”的声音。

“那你在做什么？”猴子听了，立刻端坐着，比画出操纵方向盘的样子。

我们可以没有车，没有飞机，但不能没有自己的方向盘，更不能把自己的方向盘交给一只猴子。心猿最容易脱缰。《西游记》中的孙大圣，一开始不就是这样吗？桀骜不驯，腾云驾雾，变化莫测，不就如同我们不坚定的良善之心吗？

健康的人首先要有健康的脑袋，健康的社会首先要有健康的文化。时下，很多人都病了，不能成人之美，只能成人之恶；很多企业也病了，不能为社会创造财富，反倒变着法子捞钱，坑蒙拐骗，坏事做绝，让社会买单。

老子说，“行于大道，唯施是畏”，杨朱也曾经“临歧而哭”，就是怕自己走错路，迈错步，到最后穷途末路。我们在面临人生的岔道时，首先想到的又是什么呢？

当然，要求大众都有修养也不现实，那相当于跟大众对抗。批评不是目的，劝善才是。我们要把握好其中的分寸，站在对方的立场上考虑问题。大众其实既不好，也不坏，而是好中有坏，坏中有好，恰如阴中有阳，阳中有阴。人非圣贤，孰能无过？有些人好一点，有些人差一点，只要不是罪大恶极，都可以劝善。

另外，世人既然喜欢小径，那我们就应该在小径上接引他们。我们的老师与贵人，当初不也是这样做的吗？

不要对抗，对抗只能招致对抗。

不要着急，着急就会走向反面。

古往今来四种人

- **有道有术**

这种人极少，但上有先秦诸子，中有王阳明，下有曾国藩，足够我们学习一生。

- **有道无术**

这种人也很少，通常当不上大官，也挣不了大钱，但因为德行很高，也吃穿不愁，为人景仰。

- **无道有术**

这种人稍多些，即精致的利己主义者，容易大起大落，大起是因为有才，大落是因为无道。

- **无道无术**

这种人是大多数，是“二八理论”中的“八”，道与术都属于平庸级别，没那么突出，但也能干满 8 小时。

经营人际关系，就是经营事业

经营人际关系犹如挖井，付出的是点滴汗水，收获的却是滚滚甘泉。

人生最宝贵的东西不是你拥有的财富，而是你的人际关系。

得道者多助，失道者寡助。寡助之至，亲戚畔之；多助之至，天下顺之。

所谓“人际关系”，就是人们常说的人脉，包括亲属关系、恋人关系、师生关系、同学关系、朋友关系、雇佣关系、同事关系、上下级关系等。

无论哪种关系，其本质都是价值交换。这些价值并不仅限于那些看得见、摸得着的利益，也包括知识、趣味、智慧、情感、魅力等。可以这么说，大多数的人际关系问题，都是自我价值不足造成的。如果你的人际关系出现问题了，一定要先从自身找原因。

我们都听说过一个段子，说的是中秋前甲给乙送了盒月饼，乙转手把它送给了丙，丙又把它拿给了丁……最后，月饼转了一圈，又回到了甲手中。

整个过程中，看似谁也没占便宜，其实每个人都有收获，因为大多数人真正在乎的不是一盒月饼，而是附着在它上面的情意。也就是说，在此过程中，所有人都在表达并收获着这种感情。人们都说，中国是人情社会，但这有什么不好呢？外国人也会互送礼物，只要能把握住尺度，不滥用就行。

美国哈佛大学曾经对1万多名高校毕业生进行过综合研究，结果表明，智慧、专业技术、经验只占事业成功因素的15%，其余85%都取决于人际关系。

中国的古人认为，经营人际关系最高级的方式，就是“以德服人”，也就是用自己的道德修养感服别人。什么叫道德？什么又叫修养？不落在实处，这些就是虚无缥缈的概念。《诗经》中有两句诗，叫“饮之食之，教之诲之”，翻译成大白话就是，“先给人提供吃和喝，再教诲人们怎么做”，言下之意就是说，如果你想教诲世人，首先要关心他们的吃喝，如果你想彰显自己的品德，也请先考虑别人的利益，不然的话，治国也好，劝善也罢，干什么也行不通。

现代人说，“越连接，越强大”“连接大于拥有”，在这个互联网时代，你不需要太关心自己的对手是谁，你应该更加关心能跟谁连接，能与谁合作。如果你仅知道对手是谁，却不清楚能跟谁合作，那么你其实已经被这个时代淘汰了。

“连接”原本是个工业术语，指用紧固件将分离的型材或零件连接成一个复杂零件或部件的过程，后来逐步拓宽至其他领域，如编程中的连接以及知识、思想等方面的连接。一架现代飞机会使用上百万个各类紧固件，或者说，飞机本质上是无数个原本孤立的零件，但因为有效连接，它却可以在天上飞，这是多么神奇！

现代社会的本质就是连接。能把握住这一本质，一个人就不难实现跨越式发展。反过来说也成立，如果不懂得连接，就算有极好的天赋或资源，也未必能获得好的生存与发展。比如这几年频频上热搜的委内瑞拉，那么多石油，只缺个接口。

连接是一种思路。懂连接的人可以连接万事万物。不要担心别人不让你连接，连接是相互的，只要你懂得经营人际关系，并能在混沌中发现关键连接点，就一定能经营好自己的人生。

曾国藩的五字箴言

- **诚**

诚是曾国藩的自我修养之道，也是经营人际关系的核心要诀。他认为，以诚待人，则无人不可以为友；以诚待人，就可以一呼百应。

- **谦**

曾国藩年轻时性格张狂，得罪了很多人。后来他意识到傲慢没什么好处，就在“谦”字上下功夫，收敛锋芒之后，果然建立了良好的人际关系。

- **恕**

恕是立德的根本，坚守一个“恕”字，就能求同存异，形成强大的凝聚力。

- **敬**

敬即恭敬，恭敬就是无论见到什么人，都要整理好衣衫，迎上前去问候答礼，曾国藩就是这样做的。

● 举

举即推举、托举，这是曾国藩最成功的地方，他不搞“武大郎开店——专挑个儿矮的”那一套，经他提拔、推举的晚清名人有上百位，比如左宗棠、李鸿章等。

当情绪有了价值，修养就开始贬值了

为什么有些女生并不漂亮，却可以让男生为她投入大量时间、金钱和精力？为什么有些漂亮的女孩，愿意死心塌地地陪在一个穷小伙身边？说到底，就是“情绪价值”四个字。

但“情绪价值”是一把双刃剑，只有骗子会把人哄上天，而渣男是最懂情绪价值的人。

情绪是最直观的修养。

情绪价值是最不容忽视的价值。

所谓“情绪价值”，就是一种情绪心理上的满足程度。高情绪价值之所以会受欢迎，就在于它能够提供极大的心理满足感。人都希望被关心、被在意、被理解、被安慰、被赞美、被崇拜、被信任、被鼓励……这些心理需求，都需要情绪价值来满足。能满足对方的情绪价值，在一定程度上对于制造融洽的人际关系非常有利。

来看一个有意思的小故事：

昨晚和老婆下象棋，仅用了10步，我便胜利在望。

老婆的俏脸马上拉长了，她硬说马可以走“田”字，因为她的马是千里马。

对此，我忍了。

她又说兵可以倒着走，因为她的兵是特种兵。

我还是忍了。

她还说象可以过河，因为她的象是小飞象。

我也忍了。

最过分的是，她说炮可以不用隔山，或者隔两座山也可以打，因为她的炮是高射炮。我想我都忍了那么久了，不妨再忍一下。

忍无可忍的是，她说车可以拐弯，还振振有词地说，哪有车不能拐弯的呢?

我全忍了，继续艰难锁定胜局……

但最后，她竟然用我的士，干掉了我的将，说这是潜伏了多年的间谍，特意派来做卧底的!

最后，她赢了，于是她愉快地去洗碗了。

故事虽小，却可以总结出很多道理，比如：

1. 控制情绪很重要，提供情绪价值更重要。故事中的“我”，还要更上一层楼。

2. 和老婆讲道理的男人，就算智商没问题，情商也有严重问题。

3. 家不是讲理的地方，家是讲爱的地方。别把修养给别人，把脾气给爱人。

总是听到网友们关于单身的各种调侃，比如“橘子都有瓣（伴），唯独我单身”“你家要养狗吗？单身的那种”，其实，与其感慨佳偶难得，不如提升自己的能力与修养，提升自己提供情绪价值的能力。你若盛开，蝴蝶自来。不是吗？

为什么有些女生并不漂亮，却可以让男生为她投入大量时间、金钱和精力？

为什么有些漂亮的女孩，会傻乎乎地放弃物质条件优越的男孩，愿意死心塌地地陪在一个前途未卜的穷小伙的身边？

说到底，还是“情绪价值”这四个字。情绪价值是一种付出或者给予对方的能力，而付出本身是一种品格，一种境界，一种修养。

我们经常说，一段好的情感关系，需要的是相互滋养，相互给予，但总有人付出多一些。相对来说，付出多的人在情感关系中往往更加难能可贵。毕竟，人性是自私的。

之所以说提供情绪价值本身是一种修养，是因为提供情绪价值的核心在于情绪成熟。情绪不成熟，不稳定，根本谈不上修养，至少是修养不够。

反过来说，提供情绪价值也是一把双刃剑，我们要掌握好个中分寸。如果我们真的为家人好，为朋友好，为他人好，既要提供情绪价值，也要告诉他们世界的真相。

这话听起来有点儿刺耳——那些反复强调情绪价值，乃至要求别人提供更高情绪价值的人，其实是生活的弱者。而强者——真正意义上的强者，是不太需要所谓“高情商”的人来满足自身情绪需求的。

孔子说过：“巧言令色，鲜矣仁。”老子也说过：“胜人者有力，自胜者强。”强者无欲，无欲则刚。那些英雄、孤狼和独行侠，其实也需要被认同、被理解、被赞扬、被安慰，但他们能够自我认同，自我调整，自我修养，自我成就。没有人为他们提供情绪价值，他们也能活得神采奕奕。他们习惯于向内求，习惯于找自己的不足。相对于别人提供的情绪价值，他们更注重内心的自我完善。当他们展现出高情商的一面时，不是为了展现而展现，更不是基于什么目的，而是自身修养的自然流露。他们是发自内心地为你好，而不是为了什么情绪价值。

情绪成熟三要素

- **负责**

成熟的人懂得为自己的情绪负责，不会随意发泄。不成熟的人，则总想让别人来分担或应付自己的坏情绪。一旦对方分担得不够、不及时，甚至只是分担的方式不如他所愿，更坏情绪就会随之而来，各种没素质、没修养的言语、行为和套路亦会随之而来。

- **适应**

如果一个人适应能力不好，就更容易被情绪绑架，动辄暴跳如雷，冲对方发火。而适应能力好的人，则会根据不同的场景，调节自己的情绪，选择自己的行为，展现自己的修养。

- **给予**

爱是一种能力，能够给予是成熟的标志。有些人不是不能给予，而是总是忽略对方的情绪价值，甚至把给予当作交易，关注点始终放在回报上，这就有点儿发心不纯了，所以也谈不上成熟。

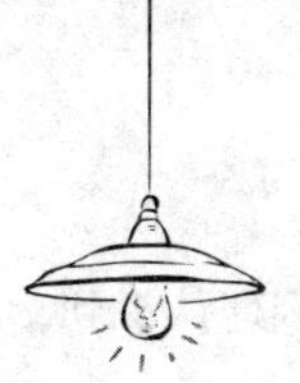

中国人办事讲究事急从权

两个人住酒店，一位忘了带身份证，不要动肝火，也不要傻乎乎地问前台“能否通融一下”，你问就不能。但一位先进去，让另一位过一会儿再进，也不一定有人会拦他。

去别的小区找朋友玩儿，到了门口，直接大摇大摆进去就行，不要问“能不能进去”。你不问，保安看都不看你一眼。但问了，就是不行。

拿老人的存折去银行取钱，什么都不要说，直接说“取钱”就行。不要说“老人去世了，我帮他取钱”，因为有监控和录音，只要你说了，就要走正规程序。

稻盛和夫在《活法》中记载了这样一件小事：

有一次，他正准备乘公车上班，刚好妻子也有事要出门，他就随口对妻子说：“反正顺路，送送你吧！”妻子却说：“如果是你的私车，我可以搭，但这是公车，不能借口顺路就公车私用——这话你以前不也说过吗？公私必须分明——所以我走路去！”

这件小事让稻盛和夫的内心起了波澜，在自我反省的同时，他深刻地认识到，正确的原则必须以坚强的意志加以贯彻，才能落实，才有意义。

当我们看到这样的故事，又会作何感想呢?

毫无疑问，此事彰显了稻盛和夫的修养。修身也好，修心也罢，抑或是修养、修行、修炼、修道，等等，都应该从小处着手，从平常处着手，“行动坐卧皆是禅”嘛！在这方面，稻盛和夫也称得上标杆，仿佛儒家精神和阳明心学的海外代言人。

但是，他其实还可以做得更好一些。我在他身上看到了“原则”二字，但没有看到“分寸”与“权变”。如果是我，我会让司机换掉公车，开私车，既不违背原则，也能载妻子出门，而不是让她走路去。

退一步讲，假使稻盛和夫当天用公车搭载了顺路的妻子，算不算修养有亏，晚节不保？根本谈不上。道德可以不冰冷，修养应该有温度。修养与人之常情并不矛盾。

毫无疑问，稻盛和夫是有修养的，他的妻子也有。但修养是分段位的。孔子说：“吾十有五而志于学，三十而立，四十而不惑，五十而知天命，六十而耳顺，七十而从心所欲，不逾矩。”即便是孔子自己，也要在世上磨炼七十年，才能从心所欲不逾矩，稻盛和夫显然还没达到那个境界。

孔子说：“事缓从恒，事急从权。”由此引出了“守经达权”一词。“经”与“权”，其实就是变与不变的智慧。“经”指原则性的东西，如同定海神针，变了的话就会地动山摇，所以绝不能变。“权”是指在坚守原则的前提下，根据实际情况，随机应变。

有人会说，“事急从权”一般是指大事吧？其实不尽然。“事急”的重点，是“急”，而不是“事”。联系上下文，稻盛和夫的妻子“恰好有事要出门”，就在“事急”的范畴之内。

中国人讲究事急从权，并且早在孟子的时代，就有过群体讨论。

当时淳于髡问孟子：“男女授受不亲，是不是礼的体现？”孟子说“是”，对方又问：“那么，嫂子掉到了水里，该不该用手施以援救？”孟子正色道：“嫂子溺水不救，无异于豺狼！男女授受不亲是礼数，嫂溺援之以手是变通！”礼数也好，规矩也罢，圣贤制定它们，为的是约束人们的心性，适用于日常情况，但遇到紧急情况，就不适用了。再比如“将在外，君命有所不受”的说法，也是为了适应特殊的情况。

或者就普通人的日常工作而言，我们该不该听上级的话呢？不论事情急与不急，这都是一个“持经达变”的问题。有人执行力很好，领导交代的话都严格照做，可一旦出了问题，他们就会说“是领导让我这么做的”。其实呢，高明的领导通常只会告诉你一个方向，具体怎么做，还要结合实际情况，综合考量。“经”不是目的，“权”也不是目的，把事情做到位，才是目的。

中国人的基因里，似乎都有“阴阳”二字。“经”与“权”，其实就是阴阳两端，它们统一于“善”，儒家所追求的“止于至善”，就是“经”与“权”不断调整的结果。至善，简单来说，就是最完善的境界，也就是人们常说的“恰到好处”。

世界是一体两面的，甚至是一体多面的，出世之人讲究“纯阳之体”，我们在红尘中摸爬滚打，则需要“水火既济”。水即阴，火即阳，如果只具备“阳”的一面，不了解“阴”的一面，碰壁是难免的，分寸更无从谈起。

时间管理的四象限法则

● 紧急且重要的事

这类事情具有时间的紧迫性和影响的重要性，比如重大项目的谈判，无法回避也不能拖延，必须首先处理，优先解决，马上去做。

● 重要但不紧急的事

有些事情没有时间上的紧迫性，但具有重大的影响，对于个人和组织都有重大意义，所以要及时去做。

● 紧急但不重要的事

很多人认识上有个误区，认为紧急的事情都很重要。实际上，诸如某些必要而不重要的会议、不断跳出的各种消息等，都紧急但不重要，可以尽量按时去做。

● 不紧急也不重要的事

这类事情大多是些琐碎的杂事，没有时间的紧迫性，也没有任何的重要性，比如上网、闲聊、游逛，可以最后去做。

第七章 事业财富

坚持理想，顺便赚钱

人活着，首先要过金钱关

人生最本质的财富，是我们自己。

人生有了价值，就不觉得黄金可贵。

人不能把钱带入坟墓，钱可以把人送入坟墓。

稻盛和夫说：“唯有读书和赚钱，才是一个人最好的修行，前者使人不惑，后者使人不屈。”确实是这样，每个人出生后，便与金钱紧紧联系在一起。吃饭、穿衣、住房、结婚、生子、育儿、养亲、治病、人情……哪一样都离不开金钱。特别是人情，它和金钱简直就是孪生兄弟。用古人的话说就是，富贵如龙，游尽五湖四海；贫穷如虎，惊散九族六亲。

现代人也说，钱不是万能的，但没钱是万万不能的。而且赚钱这件事情，你无论花多少钱，在学校里也学不到。包括那些著名且伟大的科学家，比如牛顿，也一再用行动证明，赚钱真的很难。

牛顿说过：“我能计算出天体运行的轨迹，却难以计算出人性的疯狂。”他这是有感而发。1720 年，他卖掉了自己持有的英国南海公司的股票，获利 7000 英镑，至少相当于现在的数十万人民币。但这只股票在接下来的时间里直线上涨，让牛顿非常后悔，于是他鬼使神差地再次从市场上买回了南海股票，结果到最后净亏了 2 万多英镑，这可是他一生的积蓄！

科学家也好，文学家也罢，抑或是普通人，都得面对金钱关。要想顺利迈过金钱关，首先要树立正确的金钱观。在一定程度上，正确的金钱观就等同于正确的价值观，这是修养的前提，也是修养本身。

吴京拍电影《战狼2》时，原本选了一位比较火的女演员做女主角。然而，这位女演员临时变卦，非要增加酬劳不可。她以为开拍在即，吴京不会犯临阵换将的大忌，然而吴京一来不吃这一套，二来觉得长痛不如短痛，于是迅速决定：换人！

吴京找到了卢靖姗，卢靖姗根本没提酬劳，直接进组拍摄。她也没想过大红大紫，只想帮朋友救救急。她以为自己就是个替身，没想到竟然成了女主角。后来这部影片上映后大火，一夜之间，卢靖姗从十八线女演员变成了大明星。

在救场的时候，只谈感情不谈钱，就是一种修养。

在非洲拍摄《战狼2》时，还发生了一件事。一个非洲小伙子对剧组成员说："我很饿，可以给我买点儿面包吗？"大家的第一反应都是认为遇到了骗子，卢靖姗却说："没事儿，哪怕他是骗我们的，我也可以给他买，万一他是真的饿了呢！"善良是最本质的修养，对善良的人来说，金钱从来都屈居末位。

古人说："爱出者爱返，福往者福来。"金钱与其他物质有一个共同属性，那就是要想收获，就得付出。一个人的金钱观不仅可以影响财富的去来，也可以检验他的道德修养，因为人生最优秀的道德品质，往往与金钱的正确使用紧密相关。只进不出，貔貅而已。

赚钱的三个层次

- **拿命赚钱**

处在这个阶段的人通常都是员工级别，顶多是个职业经理人。人们常说，时间就是生命。给人打工，相当于把自己的时间卖给老板，可不就是拿生命赚钱吗？这一时期挣钱苦，要多干活，干好活，服从管理，也要自己管好自己。能做到这几个基本要求，便有了向更高层次跃进的可能。

- **拿人赚钱**

这时候通常已经是个企业家，哪怕管理的是小公司、工作室，但个人能力强了，经验多了，自己当老板，管着一帮人，让别人多干活，干好活，你就能多赚钱。这时候要尽量少出力，多动脑，主要精力要放在让别人干活上，而不是自己闷头干活。

- **拿钱赚钱**

这阶段自己不干活了，也不管着别人干活了，主要做投资，把钱放在合适的地方，让钱生出更多的钱，才是关键。你可以没有公司，但只要选准投资的公司，并且买入卖出的价格合适，你就能大赚，甚至比经营企业的人赚得还多。

能富便富，并不是安贫才能乐道

为什么很多人都不去做自己真正感兴趣的事？因为他们缺钱。

不是你控制钱，就是钱控制你。回避金钱是一种虚伪，满身铜臭是一种浅薄。

爱情建立在金钱之上，这不是什么新闻。金钱买不到真正的爱情，这也不是什么旧闻。

财富是一个永恒的话题，道德也是。当财富遇到道德，又会衍生出很多子话题，在古代，这些话题统称为“义利之辩”。

据说早先重视传统文化的家长们，在教孩子学习儒家经典时，首先是教孩子读《孟子》，而不是《论语》。究其原因，大概是觉得孔子尽管很少谈到利（子罕言利），但多少还是谈了的；而孟子，则是压根不谈利（何必曰利，亦有仁义而已矣）。谈利，不是很低级吗？这是国人简单却一贯的“观人学”。

毫无疑问，社会离不开“义”。“义”不仅是社会赖以维持正常运转的基本力量，也是利的保障。但若就此认定人不应谈“利”，不能谈“利”，就未免太自欺了些。

就拿“安贫乐道”的典范——颜回来说吧，李敖先生对他有过一段经典论述：“你可以说你不在乎，你不要钱，不谈利，就像颜回一样，一箪食，一瓢饮，在陋巷，人不堪其忧，回也不改其乐。可是如果你颜回结了婚，儿子得了盲肠炎，需要开刀，他要不要求爷爷告奶奶，双膝下跪？他会的。”我们中国的知识分子都不谈利，都看不起钱，看不起经济的力量。但是我们往往忽略了一点：富贵也不是什么见不得人的事。

富贵也不是什么见不得人的事——这话其实也是孔子的心声。孔子的另一高足子贡就非常有钱，他曾经专门请教孔子：“贫而无谄，富而无骄，何如？”意思是说，有的人虽然没钱，但他不巴结有钱人，有的人虽然有钱，但他不鄙视穷人，这些人怎么样？孔子说：“可也，未若贫而乐，富而好礼者也。”意思是说，也算可以了，但不如那些安贫乐道、富而好礼的人。什么叫“富而好礼”呢？用今天的话说，作为富人，你懂得回馈社会，就是好人一个。你回馈得越多，社会就越好，所以你能富就富，一点儿也别觉得见不得人。

一次聚会上，一位企业家朋友讲了一个自己创业前的故事。他说：

我大学毕业时还包分配，当时被分到北方某市管道局工作，我一干就是好几年。直到有一天，单位新分配来一个女大学生，她对分给自己的办公桌椅非常挑剔。我劝她说：“凑合着用吧。”她却说：“怎么能凑合呢！你知道吗，这套桌椅可能要陪我一辈子，能凑合吗？”这话深深触动了我：“难道我这辈子要与这套桌椅一起度过？”当时我隐隐感到我不能一辈子被禁锢在一套“桌椅”里，我肯定会去创业，但去哪里呢？创什么呢？我一无所知。

关键时刻，老天又帮了我一把，我遇到了一位在深圳下海经商的同学。同学说，现在的深圳如火如荼，钱多，机会也多。我问："我只是想要一点自由，要那么多钱干什么？"他说："要钱干什么？就比如说你身上的衬衫吧，如果你有钱，你就可以买两件，等一件穿脏了，你就可以换另外一件。如果你的钱更多，你还可以捐给社会，帮助别人，世界上还有很多穷得无能为力的人。"不久，我便辞了职，投奔那位同学而去。到现在，我光是捐给联合国儿童基金会的钱，累计就有 100 万了。

有人说，"平平淡淡就是福"。但说这种话的人往往并不是真的淡然，而是头脑中的限制性思维使然。类似的例子还有"男人有钱就学坏"，其实没钱的人学坏的也不在少数，有钱的也未必就学坏。所以我们一定要树立正确的金钱观，不然就会下意识地排斥那些生命中的美好，即使遇到也不敢追求，不敢接受。还有人喜欢拿"安贫乐道"做挡箭牌，其实我们也不反对安贫乐道，我们只是想提醒大家，安贫可以乐道，致富也并不影响乐道。"身无分文，心忧天下"的仁者情怀固然好，但像我那位朋友一样，在实现财富自由的同时，给需要帮助的人捐个几十上百万元，又有什么不好呢？

财富的四个阶段

- **财务挣扎期**

这个阶段，人们通常在为满足基本的生存条件而工作，有的人的只有很短一程，有的人的却持续一生。能否跳出挣扎期，关键在于积蓄，它不仅是投资的本金，也会让我们在择业和面临其他选择时更有底气。

- **财务安全期**

有多少钱算安全呢？一般来说，手上的现金至少要达到36个月的月均支出，才可以视作是安全的。这里的现金不等于钞票，能随时变现的储蓄和容易变现的资产也算。所以挣得多不算，存得多才算。

- **财务稳定期**

到这个阶段，就称得上财富自由了。即使不工作，也能衣食无忧，也能维持一生的基本开支，这就叫财务稳定。

- **财务自由期**

这个阶段是真正的财富自由，有足够的钱，足以支撑自己以喜欢的方式过一生，并且钱财还会不断地增值。毫无疑问，这样的人极少，但为之奋斗的人群非常庞大。

财不入急门，允许自己慢慢变富

财不入急门，福不入偏门。

富贵险中求，也在险中丢。求时十之一，丢时十之九。

人生就像下棋，一着不慎，满盘皆输；人生还不如下棋，不可以悔棋，也不能再来一局。

老话说，“财不入急门”，“急”就是心急，一个人越是急着发大财，就越是容易亏掉底裤。因为人一着急，就容易听信暴富神话，难免掉入传销、诈骗等圈套。

老一辈人强调“稳”，讲究“小心驶得万年船”，而当今社会，人人都恨不得一夜达到人生巅峰。这是生存压力使然，如果可以的话，早点成功也没什么不好，但事情并不会因为我们着急就进展顺利，很多时候，越急反而越容易出差错。就拿炒股来说吧，有人问巴菲特：“为什么你的投资方法这么好，大家却不照做呢？”巴菲特说：“因为很少有人愿意像我一样慢慢成功。”

慢慢成功，不仅仅是拉长时间那么简单，也是一种技术、智慧和心态上的磨炼。

以巴菲特为例，年仅6岁时，他就从爷爷的杂货铺里买进成箱的可口可乐，然后拆箱零售，次年他就懂得把其他孩子喝完汽水后扔掉的瓶盖分门别类，以便研究哪个品牌的汽水卖得快，寻找商机，但他首次创业的契机，说到底还是他就职的公司歇业。虽说成立了自己的公司，而且合伙人还都是家人与好友，但他也只是象征性地投入了100美元。为什么？主要还是为了求稳，毕竟是第一次开公司。但是等他熟悉了经营管理之后，同年与次年，他便接连注册了4家公司，一人掌管5家公司！

有句话说得好，人生就像开飞机，飞多高不是关键，重要的是你能不能平稳落地。赚钱也是这样。刘永行说过一句非常深刻的话，他说“好项目才会害死人”，什么意思呢？刘永行解释说：“坏项目从来都害不死人，因为坏项目没人去做，好项目才有人去做。一旦好项目出来了，跟我说项目的人眼睛发光，我听了之后也是眼睛发光，回过头我找来一帮专家帮我进行论证，专家听了也是眼睛发光，最后专家帮我做出可行方法论。但投了几千万之后，才发现根本不是那么回事。接着做，还得投几千万。如果心里没底，就只能放弃，这样就亏了几千万。”

东山再起的史玉柱，则喜欢用开车比喻自己做公司的心得。他说：“我现在有一个信条，宁可错过100个机会，也绝不可投错一个项目！以前那一跤摔得太狠，我盖巨人大厦时，原本想盖18层，最后一直加到78层，就为了追一个当时最高的名头，最后成了烂尾楼。现在我们控制开车的速度，刚开始显得慢一些，但基础打好之后，实际上速度并不比别人慢，甚至会更快。有些人总想开快车，控制不好就会撞车。综合下来，我们愿意开得稳一点儿。”

现代人常说，“心有多大，舞台就有多大”，但心有余而力不足的人我们见得太多了，没有实力，你的心始终是虚的。求财也是如此。财富青睐有实力的人，即使他暂时还未站在舞台上。追求财富就好比练武，但凡邪派武功，修炼起来都很快，但也容易走火入魔。

总想一夜暴富的人，暴露的是内心的赌性。有着“日本明星社长”之称的长谷川和广曾经讲过，在某种程度上，赌博与经营有着相似之处，高明的赌徒恰如高明的企业家，在胜算大的时候会多下注，感觉不对的时候就少下注，形势不好的时候就坚决不下注。这话有一定道理，因为未来存在着永恒的不确定性，没有人能百分之百地避免失误，但人生不是什么豪赌，而是博弈，在不需要赌的时候，就尽量不要去赌。就算博弈，也要稳中求胜。只要你不想一次赢太多，你就不会一次输太多。

加减乘除投资法

● 加法

加法不是加大投资的意思，而是投资时加上耐心，理财前加上了解，财务上加上保障，养家糊口则是投资底线，要多加几道锁。

● 减法

减法也不是减少投资那么简单，而是要明白收入先减去储蓄才是支出，所以要减掉不必要的物欲，不要冲动地买一些用不着或者根本不该买的东西，否则你根本没有钱储蓄，自然也没有投资的本钱。

- **乘法**

乘法一方面是要善用不同财富工具搭配运作，以规避风险和增加现金流，比如用公积金贷款；另一方面是要识势并乘势而为，无论炒股还是做实业，都不要逆势。

- **除法**

除法一方面是要用保障除去风险，也就是把原本准备投资的钱，强行留下一部分，作为后备金；另一方面是要除掉不好的习惯和观念，一些应该砍掉的项目也要及时清除，免得把整个财务状况拖垮。

直觉源自对某一领域的精通

生命不在于长与短，而在于顿悟的早与晚。

过度理性是一种病，过于依赖直觉也是。

真正的专业人士，是那些不会犯错的人。

直觉是什么呢？简单来说，直觉就是一种能够直接察觉真相的能力。打个形象的比方，直觉就是我们内心的 GPS，你不需要太了解它背后的机理，只需聆听、行动即可。

直觉是人的本能，在很大程度上，它还是超理性的。直觉源自对某一领域的精通，而赌性是贪婪、莽撞与瞎蒙。对许多男人来说，女人的直觉非常“可怕”。它不是简单的疑神疑鬼，而是造物主的微妙平衡。

有一个观点说，越是视力不好的人，越是愿意相信形而上学。相反，视力越好的人越不容易开悟，因为他可能会迷信他的视力，只相信他亲眼所见的东西。直觉也是这样，如果理性思维相对较差，就有相对敏锐的直觉作为补充。

毫无疑问，最好的状态，就是直觉与理性平衡与互补。在理性的基础上加一点直觉，有助于我们打开财富的大门。

任正非曾经说过，“未来是虚拟社会的时代，虚拟时代中国的玄学、哲学具有极高价值，而一个人生命的最大价值，就是回到自己的天赋天性的真源”，因此他非常注重锻炼自己的直觉。

乔布斯也曾经说过：“直觉的意义在于它是你的潜意识，在你还不清楚自己的样子时，它在提示着你的走向，这无疑是一个创造者最核心的能力，因为它往往决定了方向。”此外，乔布斯认为东方的直觉比西方的理性思考更具力量，他的一生都在践行《禅者的初心》中的一句话：“做任何事其实都是在展示我们内心的天性，这是我们存在的唯一目的。”

直觉在决策过程中虽然默默无闻、让人无从察觉，但往往是作出合理决策最需要考虑的因素。在日常生活中如此，在投资中亦是如此，无论是生活中避开危险，还是投资中远离损失，都需要我们认识直觉，重新理解其在决策中的重要意义。

我们再来看一个具体的案例：

1984年冬天，一个名叫杨荣春的技术员，手持一叠来自香港的卫生巾设备说明书，敲开了许连捷的大门。听完杨荣春的介绍，许连捷几乎当场惊叫起来：“天上又要下大钱了！”

当天晚上，许连捷彻夜未眠，反复思考：到底是继续经营如日中天的服装厂，还是专门生产前景无限的卫生巾？最终，许连捷选择了后者，于是，一个令广大中国女同胞熟悉的品牌——“恒安”诞生了。

然而，当时的中国，不管是消费观念，还是消费水平，都不是一般的落后。“恒安”刚推出卫生巾时，不仅买得起的人少，而且人们还羞羞答答，更多的人则是把购买与销售卫生巾视作异类。有人还嘲笑许连捷：肯定是神经出了毛病！

但许连捷坚信，已经改革开放了，要不了多久，人们会逐步富裕起来，手里有钱，人们的消费观念就会发生变化，广大妇女绝不会放着好产品不用！想赚大钱，必须拿出魄力来，先人一步，并坚持下去。

果然，不到两年时间，“恒安”便火爆起来，订单如雪片般飞来，订货的客商排起了长龙，“恒安”得以迅速发展并成为国内最大的卫生巾生产企业。

为什么许连捷一看到相关的设备说明书，就知道天上又要下大钱了呢？因为他从小经商，对商机尤其敏感。十来岁的时候，他就在村里倒卖鸡蛋。再大一点的时候，他就骑着自行车卖菜。1979 年，他就办起了服装厂。虽然没少赚，但他冷静地意识到，自己的审美能力不足，继续做服装，没有竞争优势，所以他才去寻找新的机会，而机会也及时地光顾了他这个有准备的人。

换句话说，“直觉”这个词听起来很玄，实操却很落地，也应该落地。直觉不是空想，也要以我们已经获得的知识和积累的经验为土壤。如果一个人对某些事物具有敏锐且准确的直觉，那他一定对相应事物有着相当程度的了解。“熟读唐诗三百首，不会作诗也会吟。”

五招提升直觉力

- **倾听内心的声音**

直觉就是内心的声音，它是天赋的本能，但很容易被人忽视。直觉强的人，善于倾听自己内心的声音，也善于把握直觉与理性的平衡，不拒绝，也不盲从，从而能将头脑中的所有资源善加利用。

- **关注身体的感受**

有些人明明是第一次见，也没什么利益冲突，却会下意识地不喜欢对方。一定要找个原因，就是气场不合。还有一些环境，我们一进入那里就感觉特别不舒服，那就尊重潜意识与身体的感受，因为很多事情与直觉一样，本身就不可思议。

- **对巧合保持警惕**

世界上没有那么多巧合，巧合是人们基于现有知识对不可理解之事的强行理解，所以要对任何非正常事件保持警惕并多加留意，然后在此基础上与我们的直觉相验证，这就是探索规律。

- **独处并享受孤独**

想感受直觉，最有效的方法就是独处。孤独是一个通道，可以帮我们与最深的内在智慧相连接。无论是一个人散步，还是独自开车，抑或是躺在床上、浴缸里，都是体察内心真我的好方法。

- **放松并练习冥想**

当我们的大脑过于执着，强行运转时，直觉是插不上话的。你放松下来，直觉才能占有一席之地。练习冥想不仅有助于放松，而且可以帮助你去除杂念，与直觉同频共振，更好地开发直觉。

打造稀缺性，不做“穷忙族”

如果你周围是一片果园，水果再好吃，你也不会很喜欢。

眼前的稀缺总会被放大，而真正的稀缺则会被忽略。

钱的问题会永远纠缠着穷人，而时间问题会永远烦扰着忙碌之人。

《三国演义》中的诸葛亮在舌战群儒时说过：“若夫小人之儒，惟务雕虫，专工翰墨，青春作赋，皓首穷经，笔下虽有千言，胸中实无一策。”这里的“儒”，真实的身份是谋士。遇到问题拿不出策略，这算什么谋士？同样的，如果遇到问题你拿出来的策略是大家都知道的小儿科，甚至是大家都玩剩下的小把戏，你又算什么顶级谋士？

不可替代，才是价值所在。在老百姓的心目中，诸葛亮是个可以呼风唤雨的人，这已经属于超验的范畴了。为什么？因为平庸的人太多，出类拔萃的人易于被神化。别的不说，诸葛亮未出隆中三分天下，这放在历史上也是第一，别说三个臭皮匠，把全天下的皮匠集合起来也不行。

再比如我们熟知的“西游团队”，孙悟空很难驾驭，但关键时刻还得靠他，猪八戒与沙僧尽管也有本事，但跟孙悟空相比，还是缺乏不可替代性。但要注意，这里所说的不可替代性并非绝对不能替代，只是说替代他的成本比较高而已。

再来看一个现代案例：

20世纪初，美国福特公司因首先应用流水线生产汽车，迎来了企业发展的黄金时期。但有一天，公司一台大型电机出了毛病，整个车间都不能运转了，内部维修人员费尽九牛二虎之力，也找不出问题出在哪儿。

经人提议，公司请来了电机专家斯坦门茨。斯坦门茨仔细检查了电机，然后用粉笔在电机外壳画了一条线，对维修人员说："打开电机，在记号处把里面的线圈减少16圈。"人们照办后，故障马上排除了。

然后公司问斯坦门茨要多少酬金，斯坦门茨说："不多，只需要1万美元。"这在当时可是个天文数字，而且他只是简简单单画了一条线，但是面对质疑，斯坦门茨笑笑说："画一条线，1美元；知道在哪儿画，9999美元。"

这个故事的真实性有待专家学者们考证，但它阐释的道理是没有问题的。人们常说某某是大神，斯坦门茨无疑就是大神级别的人物。什么叫大神？不可替代的人就是大神。1万美元放在今天，也不是零花钱。但即使是在专业人才批量制造的今天，即使给出1亿美元，也还是有很多人们解决不了的问题。

中国人常说，读万卷书不如行万里路，行万里路不如阅人无数，阅人无数不如仙人指路。因为真正能够给人以启迪，能够四两拨千斤，甚至点石成金的人，始终是凤毛麟角。大部分人，不过是在穷忙，自己的生活都搞不定，又怎么为别人指点江山呢？

相关调查表明，时下至少有75%的人自认是"穷忙族"，他们比月光族更穷，比劳模更忙，但越穷越忙，越忙越穷，以至于催生了“读书无用论”和“勤奋无用论”等谬论。

其实不是读书没用，只是当大家都读了书，读书就成了基本功而不是才艺；勤奋也是这样，它是必备条件，而不是唯一条件。

以房地产为例，新一代的农民工多少都接受过教育，但由于没有稀缺性，所以只能站在利益分配的下游。不仅农民工没稀缺性，就连设计图纸的设计师都没有稀缺性，现在很多装修公司都免费送设计，如果真的很稀缺，何必送人呢？稀缺的是雷姆·库哈斯这样的设计师，所以我们才会把他请来，设计“大裤衩”这样非常前卫的作品。但就是有人认为这是一种羞辱，其实是不是羞辱看看库哈斯的其他作品就能明白，而很多人的问题恰恰就在这里：自己没本事，也不尊重有本事的人。

“穷忙族”的七个标志

（这是一道自测题，符合两项或两项以上就属于“穷忙族”了，应尽早改善。）

- 一周工作超过 54 小时，看不到前途与“钱途”。
- 一年内未曾加薪，也看不到加薪可能。
- 三年内未曾升职，未来也不太可能升职。
- 薪水很低，到月底总是很艰难。
- 积蓄很少，没能力购置资产。
- 工资不低，但花钱大手大脚。
- 收入不低，但内心没有安全感。

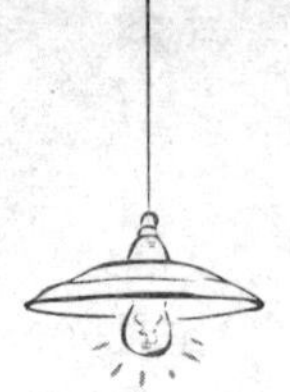

财富如水，让金钱流动起来

> 高明的人能利用敌人，精明的人会调动朋友。
>
> 财富如水，信用如山。有多大的信用，就能调动多大的资源。
>
> 靠近一个人，也就靠近了他的钱。同样的，靠近你的人，也就靠近了你的钱。

在中国传统文化中，水是财富的象征，所以古人干脆用“泉”来做“钱”的代名词，意思是说财富要像泉水一样，源源不绝、持续流通，大家想要实现财富自由，也要尽量让自己的金钱流动起来。

网上有个小段子，很能说明金钱流动的重要性：

某地有个小镇，镇上每个人都负债200块钱。突然有一天从外地来了一位旅客，他进了一家旅馆，交了200块钱的押金，金钱马上开始流动起来。

先是开旅馆的老板支付了欠屠夫的肉钱，接着屠夫还清了养猪户的生猪钱，然后养猪户还了饲料款，最后卖饲料的老板还清了欠旅馆老板的房钱。

老板刚收完钱，旅客却突然来退房，于是奇妙的事情发生了，一天之内，没有任何人生产任何东西，可是全镇的债务都还清了。

明眼人一看即知，那个旅客交的200块钱的押金，是整个故事的发动机。它就相当于创业的本金，有了这个本金，一切才可以运转下去。如果这笔钱在人们的手中流动得慢一些，我们就能看得更清楚一些，比如让200块钱在旅馆老板手中停留一个月，金钱就会流动得慢些，财富的增长也就会慢些。所以说，钱只有流通才能发挥其作用。

有人会说，我也想让钱流动，我还想以钱生钱呢，问题是我没钱，怎么办？

很简单，你可以让别人的钱流动起来，借给你。

对于借钱，中国人普遍存在着误区，认为但凡借钱的人，就是没能力的人，有能力谁借钱呢？其实这个世界上的大多数公司都存在负债情况，你能说得上来的大公司、大老板，包括马斯克，也曾经负债经营。有负债没关系，有资产就行。没资产也没关系，有前途就行，有预期的回报就行，风投就是干这个的。

信用也是这样，很多人认为自己没有欠债就是有信用，但办信用卡的人会告诉你，没借过钱就谈不上信用，只有借过钱又按期还了钱，才叫有信用。古人说信用就是财富，多少有点儿空泛，但对现代人来说，信用真的就是财富，只要你征信没问题，资质好，各大银行会抢着借钱给你。借钱给你，银行才能挣钱，不然他们就没法给储户支付利息。

我们在前面探讨过水的德行，并说上善若水，人应该像水一样，不断完善自己的德行，而财富恰恰如水，这其实不是一种巧合。简单来说，如果你很需要钱，也想借钱，却怎么也借不到，那绝对不是你借错了人，而是你做错了人。

来看一位借钱高手的早年经历：

1979年冬天，只读过两年半书的吕双辉，乘坐一台手扶拖拉机，颠簸了九天九夜，从故乡泉州来到深圳，在建筑工地上一干就是5年。

1985年，他的“机遇”来了。由于他为人厚道，当地一个村民以8000块钱的总造价，将自己的房子包给了他。吕双辉既没有资金，也没有设备和人员，为了把活干好，他凭自己的信誉，用100元钱一条的高价，从一家小卖部赊了一条“三五”牌香烟，然后找到另一家小卖部，问对方：“这烟原价80元，60元卖给你，要吗？”对方见有利可图，当即同意。

接着，吕双辉又用同样的办法去赊第二条烟，后来又赊酒、赊米、赊面……一句话，只要你敢赊，他就敢承赊。就这样倒来倒去，他终于凑够了买原材料、租设备、请工人的启动资金。之后，又经过数轮“倒腾”，总算完成了这个“大工程”。

“其实我一分钱都没赚到，还赔了自己的工资，不过我就是靠这个起家的。第二年，我就给村小学捐了15000元！”多年以后，说起此事，吕双辉仍为此感到自豪。

有人会说，这不是空手套白狼吗？如果他当年赔了，怎么办？不可否认，当年所有赊东西给他的人，都冒了很大的风险。但这说到底是一场基于契约精神的商业行为，而不是骗。你可以说他偿还能力低，但不能搞人身攻击。相反，他们敢赊给吕双辉，恰恰是因为他信用良好。一个注重信用的人，即便亏了，也会设法还钱，即便缺乏偿还能力，也有足够的偿还意愿。

另外，吕双辉还给了他们足够的利润，这是促使金钱流动的另一大动能。有的人征信并不好，但还是会有黑网贷或高利贷借钱给他，原因就在于此。但我希望大家永远不要发展到那一步，我们这里探讨的只是一种融资思路，旨在抛砖引玉，同时完善大家的财富思维，如果有人走向了它的极端或者反面，也只能由他自己负责。

金钱的性格

- **好动**

凡有人流处，皆有钱流，说明钱好动，会像水一样流动，说它“水性杨花”也不为过。所谓“钱只认识钱，并不认识人”，钱的流动并不是无序的，而是奉行着价值交换的原则。一个人只有拥有了核心价值，才能与外界等价交换，才能吸引钱流向自己。

- **胆小**

钱缺乏安全感，胆小怕事，一有风吹草动，钱就会不顾一切地逃离。因为钱胆小，所以钱乐于和讲信用的人打交道。一个不守信用的人是很难变富的，一个不守信用的国家也不可能成为真正的强国。

- **贪婪**

逐利是钱的天性，死守是守不住的，就算你把钱埋起来，它也会悄悄地贬值。所以我们要反其道而行之，学会分享，不要担心它不回来，因为钱是贪婪的，你分享出去的钱会借助人性的力量，换取更多的钱回来。

头部效应：要么站在头部，要么对接头部

头部是一身之主，成功是成功之母。

身体是可见的心识，心识是不可见的身体。

方向比速度重要，站位比努力重要，要什么比做什么重要。

什么叫头部效应？其实就是二八定律的另一种说法。

如果把二八定律以坐标的形式呈现出来，我们会看到，其头部向左靠拢，右边则是长长的尾部。据此，人们又把二八定律称作“头部效应”和“长尾效应”。

实际上古人早就说过，“宁为鸡口，无为牛后”。“鸡口”，比喻小范围内的头部；“牛后”，比喻大环境中的尾部。“牛后”的本义为牛的肛门，相当于尾部的尾部，通往头部的路无比漫长，有层层天花板，看不到希望。

按照这个思路去看《水浒传》，所谓的官逼民反，其实是官逼官反，是高级官员逼着中下级从属官员上梁山，然后硬生生地把梁山打造成了头部。再来看黄巢、李自成、洪秀全，以及很多农民起义的领袖，原本也都居于尴尬且憋屈的“牛后”位置，大家翻翻史书，就能一目了然。

互联网时代，头部效应愈加明显。有人甚至说，互联网时代是几个头部与众多长尾的时代。头部会获得更多关注，更多资源，有巨大的优势，所以很多投资者都只投每个赛道的前两名。

说到赛道，不得不讲讲“老鼠赛道”。“老鼠赛道”是罗伯特·清崎在他的畅销书《富爸爸，穷爸爸》中提出的理念，顾名思义，就是把一只老鼠关在车轮形的小笼子里，它只能径向运动，由于它前面悬挂着一块奶酪，老鼠会一直跑个不停，但直到累死也得不到奶酪。由于《富爸爸，穷爸爸》是一本讲述财商的书，所以奶酪暗喻财富自由，而跑个不停却始终得不到奶酪的老鼠，恰是芸芸众生的写照。

罗伯特·清崎认为，想实现财富自由，做普通雇员是没有出路的，必须跳出老鼠赛道，驶入快车道才行。

“快车道”，也就是人们常说的捷径。人们总说人生无捷径，其实人本身就是捷径。说具体点，关键人物就是捷径。实际上，人生就那么回事，就连《周易》中也说，“见龙在田，利见大人”，“大人”就是能够改变我们命运的人，人生总会碰见那么几个“大人”，总会碰上几个关键节点，你抓住了，你的人生就会大大不同。

有人会说，你是不是要谈人脉？然后告诉我人脉就是钱脉？是，也不是。

先来看下面的例子：

早在上大学时，孙正义就开始创业。

第一步，也是最关键的一步，他直接找到当时全球半导体领域最牛的科学家，因为他知道，人类的未来就在科学家的实验室里。他软磨硬泡，非要人家把专利卖给他。买下来之后，他就做了一个电子词典。现在当然已经过时了，在当时却是顶峰。

仅有巅峰的技术还不够，还需要支持系统，包括硬件，也包括营销。

营销方面，他想把电子词典卖到日本，从头做既不现实，也不是孙正义的风格。于是他直接找到稻盛和夫等大佬，想办法跟他们连接。大神岂是那么容易见的？不见没关系，他天天求见，最后助理都烦了，实在推不开了，又看他这么自信，也怕真的耽误了什么事就帮他约见了稻盛和夫，聊了几个小时，双方就对接上了。

硬件方面，孙正义需要的是芯片，他直接写信给惠普负责人，要求对方给自己供货。惠普如日中天，孙正义还名不见经传，人家根本不搭理他。孙正义还是那一招，反复写信，最终成功引起了对方的注意，也是给了他几个小时，但见面一聊，马上又成功对接上了。

孙正义的过人之处，就在于他懂得连接，善于调取，而且他不跟普通人做连接，他所连接的人都是顶尖的人，即头部的头部。所以仅就赚钱这件事而言，最快的方法就是站在时代的头部，连接头部的人与资源。我们可以不厉害，但我们一定要知道谁厉害，他的厉害能否与我对接，为我所用。不要觉得他们高不可攀，这个世界真正缺的并不是资本和资源，甚至不是才能，而是那些能在混沌中发现关键节点的人。即使你没有孙正义那样的高度和精准度，掌握了相关理念，至少也比困在老鼠赛道里好得多。

如何走向头部

- **从价值出发**

高手做事，先看价值；普通人做事，先看优势。不要因为一件事适合自己就去做它，要看这件事本身有没有价值。价值越高难度越大，但难度越大回报也越高。

- **注重差异化**

价值越高的领域，竞争越激烈，越需要独特的优势。所以就算你有能力，也不要急着进场，要用足够的时间观察场内人，思考差异化优势，这时再进场才能一鸣惊人。

- **从身边做起**

不要一上来就想着进入 500 强，因为 500 强里也有打杂人员，即“牛尾”。可以先从做身边的头部开始，即“鸡首”。再小的系统，其头部也有巨大的推动效应，能推动你去往下一个头部。如果一上来就把你空降到一个太大的平台，反而不利于你后续的发展。

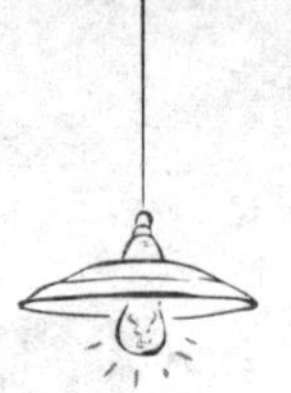

产品卖不出去，再好也没有意义

销售是离财富最近的路。

顾客购买你的产品，是因为他喜欢你这个人。

每个人都是销售员，每个行业都需要销售技巧。

据说，西班牙画家毕加索刚到巴黎时，就遇到了生存问题。随着身上的钱越来越少，他不由得想起了自己的前辈梵高。为了不至于穷死，毕加索拿出最后仅有的一些钱，从学校请了几个学生，让他们没事就围着各大画廊转，时不时地问问："毕加索的画有吗？毕加索怎么还不来巴黎？"没几天，巴黎的画廊老板们就四处打听毕加索的住处了。

不知道娃哈哈创始人宗庆后是否看过这个故事，但他当年推销娃哈哈营养液时的策略几乎就是"毕加索第二"。有一次，他在接受采访时是这样说的：

当时我们打全国市场，跑到一个城市，先是跟当地的报社、电视台见面，签下广告投放合同，然后拿着合同去拜访当地的糖酒食品公司，请他们吃饭、铺货、卖货，再然后就是铺天盖地的广告轰炸，不出一个月，一个城市就打下来了。

如果糖酒食品公司对产品没有兴趣，我们就躲在一个小旅馆里，翻开当地的黄页电话簿，给当地的商场、百货店、区经销公司一家一家地打电话，别的不说，就问一个问题："你们这里有娃哈哈营养液卖吗？有的话先给我们送100箱……"第二天，糖酒食品公司的人就开始满世界找娃哈哈了。

毕加索的画作也好，宗庆后的饮料也罢，都属于产品，产品卖不出去，再好也没有意义。梵高的遗作既有意义，也有价值，但他从未享受到。所以不管做不做企业，人都要有些IP意识和销售意识。

古人说，酒好也怕巷子深，事实上，酒好加上巷子不深都未必好卖。当年茅台酒参加巴拿马万国博览会时，就因为是首度参展且包装过于普通，在展会上遭到了冷遇。当时一位中国代表心生一计，佯装失手，将酒瓶摔破在地，顿时酒香四溢，招来不少看客，中国代表又乘机让人们品尝美酒，最终茅台酒才得以获奖，载誉而归。

人也是这样，直钩钓鱼的姜子牙，都七老八十了，未来还没个着落，不在渭水边表演一番直钩钓鱼，有谁会注意到他？要鱼、要车、要待遇的冯谖，若不是拔剑弹唱一番，等到花儿都谢了，恐怕也等不来孟尝君的重用。毛遂不自荐，史书跟他有半点关系吗？他连"门客甲"这样的名字也不会留下。哪怕是为了对历史负责，我们都很有必要走上前台，好好让那些有眼不识金镶玉的人看看，好好让这个善于埋没人才的世界看看。我们，可能就是那个改写历史的人。

张朝阳曾经说过："作秀没什么不好，至少证明营销做得到位。

CEO 有一部分责任是面对公众，把公司的理念告诉公众。如果作秀能吸引人们的眼球，使人们眼前一亮，就可以作。频繁曝光、被炒作是公司的市场策略，是为公司作贡献，这为我们节约了大笔广告开支。”

有人说，这与修养相违背了吧？不是很浮躁吗？其实不然，因为在修养这件事上，除了自己修身养性之外，我们还有一份责任，叫作传道。张朝阳版的《亲爱的，那不是爱情》确实很 LOW，但他直播的物理课不是很高级吗？而且除非你不经营企业，你只要经营企业，你就必须做类似的事情，区别只是常规与非常规而已。

三种气质不适合做销售

- **艺术家气质**

艺术家的特点是多愁善感，飘忽不定，遇到顺境必放飞自我，遭遇挫折便萎靡不振。可对销售人员来说，挫折是家常便饭，老板的训斥、客户的刁难、同行的挤对，都不是艺术家的小心脏承受得了的。

- **嬉皮士气质**

艺术家气质缺乏钝感，嬉皮士气质则恰恰相反。嬉皮士反主流，爱自由，追求物质享受，做事凭兴趣，不喜欢担责任，打扮又很另类，甚至不太讲卫生，“由内而外”都不适合做销售。

- **没落贵族气质**

类似鲁迅先生笔下的遗老遗少，又好比站着穿长衫的人，自认为高人一等，从潜意识里瞧不起人，包括客户。在他们看来，卖东西给客户是一种恩赐，不买拉倒，别浪费“朕”的宝贵时间。